MW01100965

본격 대결 과학실험 만화

내일은 실험왕 ⑩

본격 대결 과학실험 만화

내일은 실험왕 ⑩ 열의 대결

글 곰돌이 co. | **그림** 홍종현 | **감수** 박완규, (주)사이언피아 | **채색** 유기선 | **사진** POS 스튜디오, Dominik Schäer
찍은날 2009년 4월 24일 초판 1쇄 | **펴낸날** 2009년 4월 30일 초판 1쇄
펴낸이 김창식 | **본부장** 김상수 | **개발 팀장** 박현미 | **기획·편집** 문영, 이영, 최민정, 박소영, 이지웅 | **디자인** 박남희, 박지연
마케팅 황선범, 안형태, 이정균, 천용호, 온재상, 최병화, 정원식, 정동원, 김동명 | **홍보** 황영아, 김정아, 허인진 | **제작·관리** 이영호, 송정훈, 오경신
펴낸곳 (주)미래엔 컬처그룹 서울시 서초구 잠원동 41-10 편집 02)3475-3920 마케팅 02)3475-3843~4 팩스 02)541-8249 | **홈페이지** http://www.i-seum.com
출판등록 1950년 11월 1일 제16-67호

©곰돌이 co.·홍종현 2009
부록으로 '촛불 증기선 만들기' 실험 키트가 들어 있습니다.
저작권자의 동의 없이 무단 복제 및 전재를 금합니다.

ISBN 978-89-378-4227-6 77400
ISBN 978-89-378-4228-3(세트)

잘못된 책은 구입처에서 바꾸어 드립니다.
값은 뒤표지에 있습니다.

*(주)미래엔 컬처그룹은 대한교과서주식회사의 새로운 이름입니다.

본격 대결 과학실험 만화

내일은 실험왕 ⑩

글 곰돌이 co. | 그림 홍종현

아이세움

제1화 실험복의 주인을 찾아라! 8

과학 POINT 열에너지와 에너지의 전환, 열량의 단위

집에서 실험하기 열전도율 차이 관찰하기, 따뜻한 공기의 움직임

제2화 에릭의 실험반 33

과학 POINT 물질의 최소 단위, 물질의 상태 변화, 융해와 응고 실험

세상을 바꾼 과학자 파렌하이트(Gabriel Daniel Fahrenheit),
셀시우스(Anders Celsius)

제3화 내 실력은 믿겠지? 68

과학 POINT 과자 열량 측정 실험, 우리 몸과 열에너지

실험 기구 100% 활용하기 플라스크, 솔

제4화 밝혀진 진실 96

과학 POINT 열기구 만들기, 토네이도 만들기

과학실에서 실험하기 열에 의한 분자 운동 관찰하기

제5화 화산 소녀와 빙산 소년 122

과학 POINT 증기 기관차의 원리, 열에 의한 물질의 부피 변화

생활 속의 과학 에어컨

제6화 세나야, 안녕 146

과학 POINT 열의 이동

실험왕 핵심 노트 에너지로서의 열,
열에너지와 물질의 상태 변화

등장인물

범우주

소속 새벽초등학교 실험반.

관찰 내용

- 대책 없이 뛰다 온몸이 상처투성이가 되어도, 홀로 누명을 쓰고 힘들어할 란이를 생각하면 이겨 낼 수 있다.
- 넓은 대회장에서 원소를 찾아내거나, 대결 중에 일어난 실수를 잡아내는 등 놀라운 관찰력을 보여 지만이를 놀라게 한다.
- 고집불통 세나와 원소가 서로 진심을 말하고 화해하도록 하기 위해 직접 발 벗고 나선다.

관찰 결과 그간의 실험반 활동으로 쌓인 과학 지식과 함께, 타고난 동물적 실험 감각과 집중력이 서서히 드러나기 시작한다.

강원소

소속 새벽초등학교 실험반.

관찰 내용

- 부정행위에 대한 의심의 눈길을 보내는 사람들에게 변명 대신 실험에 대한 자신감과 실력을 보여 준다.
- 세나에 대한 슬픈 기억뿐만 아니라, 서로의 장점을 살려 즐겁게 실험하던 추억도 있었음을 깨닫게 된다.

관찰 결과 어릴 때 친구들과의 사건으로 마음의 문을 닫았지만, 새벽초 실험반의 도움으로 해묵은 상처를 털어 낸다.

나란이

소속 새벽초등학교 실험반.

관찰 내용

- 부정행위를 의심받는 어려운 상황 속에서도 끝까지 친구에 대한 믿음을 잃지 않는다.
- 가설 선생님이 해 주었다는 마지막 실험의 의미를 깨닫고, 실험 학원을 떠나는 에릭에게 이야기해 준다.

관찰 결과 자신 때문에 실험반 전체가 어려운 상황에 빠질 뻔한 것에 대해 미안해하며, 앞으로는 좀 더 신중해져야겠다고 다짐한다.

하지만

소속 새벽초등학교 실험반.

관찰 내용

- 우주와 함께 단서를 찾기 위해 동분서주하지만, 우주가 친 사고의 뒤처리 때문에 더 바쁘다.
- 다급한 상황에서도 대회장에서 벌어지는 다른 학교들의 대결을 끝까지 지켜보며 정보를 수집하려고 한다.

관찰 결과 정보 수집과 정리의 달인답게, 위기 상황에 빠졌을 때 객관적으로 상황을 판단하고 문제를 해결하려고 한다.

강세나

소속 사이언 실험 학원.

관찰 내용

- 호기심이 많고 성질이 급해, 뭐든 해부해서 궁금한 걸 해결해야 직성이 풀린다.
- 새벽초 실험반을 곤경에 빠뜨린 뒤, 복잡한 마음 때문에 병이 나고 만다.
- 원소와의 어린 시절 추억이 담긴 선물을 계속 간직하고 있으면서도, 정작 원소 앞에서는 마음을 드러내 보이지 못하고 계속 부딪힌다.

관찰 결과 전국 대회 진출에 실패하고 결국 돌아가지만, 오랜 마음의 병을 치료하고 새로운 친구를 얻게 된다.

에릭

소속 한별초등학교 실험반.

관찰 내용

- 새로운 학교의 실험반에 들어가, 선생님 겸 리더 역할을 한다.
- 가설 선생님과의 대결을 위해, 우주와 지만이에게 대회 전날 자신이 목격한 것을 이야기해 준다.
- 란이 덕분에 선생님이 해 준 마지막 수업의 의미를 깨닫는다.

관찰 결과 어려운 상황에 힘이 빠진 아이들과 뒤에서 지켜보는 가설 선생님을 보며 묘한 질투를 느끼면서도, 조금씩 선생님을 이해하게 된다.

❶

❷

❸

기타 등장인물

❶ 아이들이 스스로 문제를 해결할 수 있도록 믿고 기다려 주는 **새벽초 실험반 지도 선생님 가설.**

❷ 뛰어난 실력을 가진 상대와 정정당당하게 겨루고 싶어 하는 **바다초 실험반의 에이스 정반디.**

❸ 매너 없는 지만과 우주를 가차 없이 응징하는 **란이의 실험 학원 친구 나아영.**

제1화

실험복의 주인을 찾아라!

란이 학생의
실험복
안주머니에
오늘 대결의 주제가 적힌
쪽지가 들어 있군요.
이 일에 대해서는
철저히 조사한 후,

오늘 대결 결과 및
처벌 여부를
발표하겠습니다.
자, 란이 학생.
따라오세요.

회의실
그러니까
란이 학생의 말은…….
이 실험복은 본인 것이 아니어서
주머니에 쪽지가 있는지도
몰랐다는 거군요.
네……!
덜덜덜..

쪽지를 대회장까지
가져온 게
이상하긴 합니다.
그렇죠, 그럼
이 문제를…….
하지만 문제 유출
경로는 반드시
알아내야 합니다.

일단 선생님과 다른 학생들에게는
별다른 혐의가 없는 것 같습니다.
하지만 나란이 학생이
어떻게 대결 주제를
알았는지 솔직하게
말하지 않으니…….
깜짝

저, 정말이에요!!
전 있는 그대로
말씀 드린 거예요.
믿어 주세요!

그렇다면,
누군가 일부러 실험복에
대결 주제를 넣어,
나란이 학생에게
주었다는 얘긴데…….
흠칫

그 옷이 네게도 행운을
가져다 주길 바랄게…….
그, 그럴
리가…….
비밀리에 진행되는
대결의 주제가 미리
외부에 노출되었다는 것은,
실험 대회의 공정한 운영에
어긋나는 심각한
문제입니다.
어떻게 알게 되었는지
나란이 학생이 말할 수 없다면,
실험복을 주었다는 그 친구를
조사해야 합니다.
조,
조사요?
세나가 범인으로
조사를 받게 된다고?
나 때문에?!
깜짝
그러니까 그 말이 사실이라면,
실험복을 준 친구가
누구인지 말하세요.

세나가 일부러
그랬을 리 없어.

전국 대회 출전도 원소와 화해하는 것도 실패했지만,
란이 너와는 그렇게 되고 싶지 않아.
세나가 정말 대결 주제를 알고 있었던 걸까? 어쩌면……. 내게 알려 주려고?!

마지막으로 묻겠습니다. 실험복을 준 친구의 이름이 뭐죠?
하지만……!
질끈..

이름은……!
스윽..

안절부절
안절부절
안절부절

너무 오래 걸리는데…….
설마 이대로 모든 게
결정되어 버리는 걸까?
덜덜덜덜
덜덜덜
덜덜덜덜

란이가 한 일이
아니라도 쉽게
결과가 나오지는
않을 거야.
펑!

더 이상 못 참겠어!!
당장 쳐들어가서
란이를 구해 올 거야!
크아아악

네가 무슨 수로?!
제발 나서지 좀 마!
이거 놔!
너도 한패지?
슥
터벅
터벅

앗!
란이다…….
란이야아아!
허물벗기?!
헉··
팡!
헉?!
푹
쉬

퉁~
으악!
가자,
란이야.
라, 란이야!
기다려…….

내가 구해 줄게.
텁
캑
캑

누구야!! 아까부터 우리
사랑을 가로막는 녀석은?!

교, 교장
선생님!
녀석……?

아직 조사가
다 끝나지
않았다.
일단 너희들의 혐의는
풀렸지만, 란이와는
떨어져 있어야 해.

잘못하면 모두 함께
공모한 걸로 의심받을
수도 있으니까.
•••
큭..

그럼 란이는 아직도
의심받고 있다는
말이에요?
자세한 건 나도 잘
모른다. 너희들은 일단
합숙소에서 기다리거라.
내일 다시 얘기하자.

중얼
중얼
실험복을 준 친구 이름만
말하면 되는데…….
대체 왜 그걸
말 안 하냐고!

•••
란이야~,
선생님 말 좀
들어 보렴~.
후다닥

들었어?
분명히 실험복을 준 친구라고 했지?
역시! 그 실험복은 란이 게 아니었어!!
끄덕..
그런데 그 실험복의 진짜 주인을 란이가 말하지 않는다는 거잖아!
좋아! 그건 우리가 알아내면 돼!
하지만 란이가 말하지 않는 데는 이유가 있을 거야.
말해도 소용없거나, 일이 더 커지거나.
잠깐!
원소 너한테 문자를 보낸 사람은 뭔가 더 알고 있을지도 몰라.
맞다, 문자!
탁
음…….

발신자 표시가
없다며…….
찾을 수 있겠어?

찾아야지.
끄덕

그래! 지만이랑 나는
실험복을 줬을 만한 친구를
찾아볼게!
응.
좋아!!
우리가 먼저 진실을
밝혀내자고!

파이팅!
짝!
서두르자!
팡!

다
다
다
다
다
기다려, 란이야!
같이 가, 범우주!
슉
누명을 벗겨 줄 테니까!
헉
우리가 반드시 너의…….
턱!
훌렁~

아얏
우앗!
차 차 차 차차
턱!
내가 창피해서 못 살아! 서두른다고 해결되냐?
화끈~
이, 이건 아무것도 아니야. 란이는 잔뜩 겁에 질려 있을 텐데.
얼마든지 참을 수 있다고…….
팍!
웅성 웅성
턱
찌잉!!!
으아아아아악 따거!!
따갑다고요~!

*찰과상 무엇에 스치거나 문질러서 살갗이 벗겨진 상처.

손바닥을 비비면
손바닥에서
열이 나지?
네.
지금은
못 비벼요.

그건 손을 움직이는
운동 에너지가 마찰 때문에,
열에너지로 변했기 때문이야.
치이이이이익
사삭
사삭
사삭
네가 넘어졌을 때
바닥과 너의 엉덩이가 강하게
마찰하면서 생긴 열 때문에
화상을 입은 거지.
열에너지……?

그런 것도
모르다니, 전국 대회
참가 학생 맞니?
〈내일은 실험왕 ③
빛의 대결〉에서
배웠잖아!
에너지의 전환!
슥덕
훗
아, 맞다.
마찰력으로 실내화
아르바이트도
했었지!
슥덕

보통은 이렇게 설명하지 않아도
다 알고 있던데…….

이, 이론이
전부가 아니잖아요.
실전이 중요하다고요!
실험은 시험이
아니니까요.
하하하
음, 그래?

그럼 실력이 어떤지 한번 보자.
큰소리쳤으니 자신 있겠지?
먼저,
우리 몸이 내는 열에 대해 얘기해 보렴.
텁
음식이 가지고 있는 화학 에너지를 우리 몸속에서 운동 에너지와 열에너지로 변환시켜서,
체온이 유지되는 거잖아.
아! 단백질, 탄수화물, 지방같이 에너지를 내는 영양소를 먹으면 우리 몸이 열을 내요!
그 열에너지의 양을 열량이라 하고, 열량의 단위는 칼로리지요!
맞아! 칼로리(cal)는 열량의 단위지.
열에너지로 바뀌는 건 전기 에너지도 마찬가지죠!
전기난로나 형광등도 빛을 낼 때 열이 난다고요!
그렇구나.
화아아악..
가스레인지를 켤 때, 가스의 화학 에너지가 열에너지로 바뀌는 것도 일종의 에너지 전환이지.
그건 먹는 게 아니야.
우물
우물

다행히 이론도 꽤 잘 알고 있구나. 이제 체온계를 확인해 볼까? 보통 체온이 36.4℃에서 37.2℃사이니까.
36.8℃면……, 넌 정상이야!
후훗…
그보다 더 중요한 게 있어요.

양호실은 공짜란 거!
그러니까 저 그냥 가면 되죠?
역시 공짜가 최고야!

뭐?!
빠직…

공짜가 그렇게 좋으면,
다른 검사도 공짜로 받고 가렴.
스윽

왕 주사로 혈액 검사부터 할까?
흠칫

그러고 싶지만 저희가 지금 바빠서요!
피 뽑는 거 금방이야~.
다음에 꼭 올게요!
후다닥

으아, 하마터면 큰일 날 뻔했다.
휴~
어기적
어기적
범우주! 이젠 됐으니까 천천히 뛰어.
무슨 소리야!
어서 실험복을 준 범인을 찾아야지!
그야, 그렇지만.
너 아까부터 무작정 뛰기만 하는데,
대체 어디로 갈 건데?
아차, 그렇지!!
생각 없이 그냥 학교로 가고 있었어.
멈칫
설마 우리 학교에 가려는 건 아니겠지?
란이의 학교 친구는 우리가 다 알잖아?
엉거주춤

다, 당연히
학교는 아니지!
누가 멍청하게
학교에 가서 전교생을
다 조사한대?
전교생을
다 조사할
생각이었군.
빙글!
펄럭펄럭

우리 학교 친구가
아니라면 정말
누굴까?
후~
후~
계속 화끈거려!

이럴 때 내 수첩을
쓰는 거지.
지금까지의
단서를
보자고.
짠
그 실험복은
새 옷이 아니었어.
그건 예전부터 실험복을
입었던 친구라는 거야.
거기다 대결의
주제를 알아낼 만큼
이 대회에 관심도
많고 능력도 있어!
1차 대결 주제
열의 이동

화르르르륵
그럼 범인은
태양초 실험반이
아닐까? 허홍
그 녀석이……!
콱

생각 좀 해!
아무리 란이가 성격이 좋아도, 태양초 녀석들이 준 옷을 덥석 받아서 입겠냐?
자, 대결 때 이걸 입어!
응, 고마워.
아, 아니.
후~~후~

아!
퍼뜩!
실험복이 있고 대결에 관심이 있으면서……,
란이가 믿을 만한 친구가 있는 곳!
사이언 실험 나라
초등 영재반
과학고 대비
세나!
에릭!
아영!

세 사람…….
다 란이랑 친하잖아.
그래서 란이가 이름을 말하지
못하는 게 아닐까?

훗…
뭐 해? 이젠
뛰어야지.
목표가
정해졌잖아.
좋아! 가자,
실험 학원으로!!

실험 1 열전도율 차이 관찰하기

물질을 통해 열이 이동하는 것을 전도라고 하며, 물질 속에서 열이 전도하는 정도를 열전도율이라고 합니다. 열은 따뜻한 곳에서 차가운 곳으로 전달되기 때문에 온도 차이가 있을 경우에는 열이 이동하지만, 물질들 사이의 온도가 같아지면 열이 이동하지 않습니다. 열이 이동하는 속도는 물질의 종류에 따라 달라지는데, 간단한 실험을 통해 어떤 물질이 열을 빨리 전달하는지 알아봅시다.

준비물 큰 그릇, 뜨거운 물, 나무 숟가락, 스테인리스 스틸 숟가락, 은 숟가락, 플라스틱 숟가락, 마가린, 압정 4개

❶ 숟가락의 손잡이 끄트머리에 각각 마가린을 발라 압정의 둥근 부분을 붙입니다.

❷ 네 개의 숟가락을 큰 그릇에 비슷한 간격으로 나란히 세워 늘어놓습니다.

❸ 숟가락이 넘어지지 않게 조심하면서 큰 그릇에 뜨거운 물을 천천히 붓습니다.

❹ 은, 스테인리스 스틸, 플라스틱, 나무 숟가락 순서로 압정이 떨어집니다.

왜 그럴까요?

뜨거운 물의 열이 숟가락을 통해 전도되면, 위쪽에 있던 마가린이 녹아서 압정이 떨어집니다. 압정이 떨어지는 순서가 다른 것은 물질에 따라 열이 전도되는 속도가 다르기 때문입니다. 숟가락을 이루는 물질의 분자들은 진동을 통해 열을 전달하는데, 이때 물질을 이루는 분자의 진동하는 정도에 따라 물질의 열전도 빠르기가 달라지는 것입니다. 보통 은이나 철 같은 금속은 열전도가 빠르며, 나무와 스티로폼 등은 매우 느리거나 열이 잘 전달되지 않습니다.

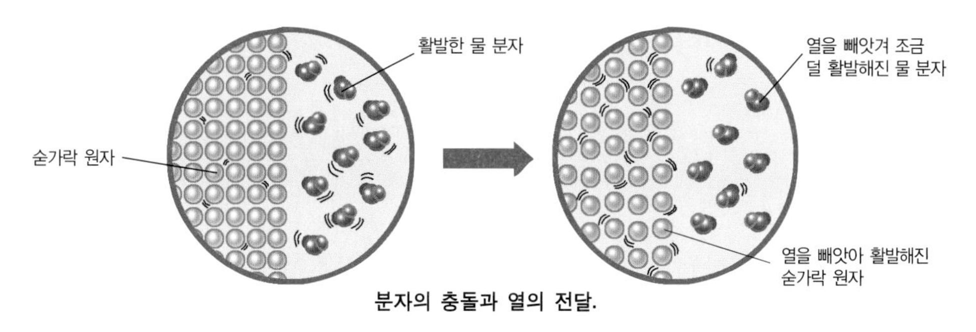

분자의 충돌과 열의 전달.

실험 2 따뜻한 공기의 움직임

분자들끼리 거리가 가까운 고체와 달리, 분자들의 거리가 먼 액체와 기체는 대류를 이용해 열을 전달합니다. 따뜻한 공기의 움직임을 눈으로 직접 확인해 봅시다.

준비물 스케치북 1장, 실과 바늘, 컴퍼스, 가위, 촛불

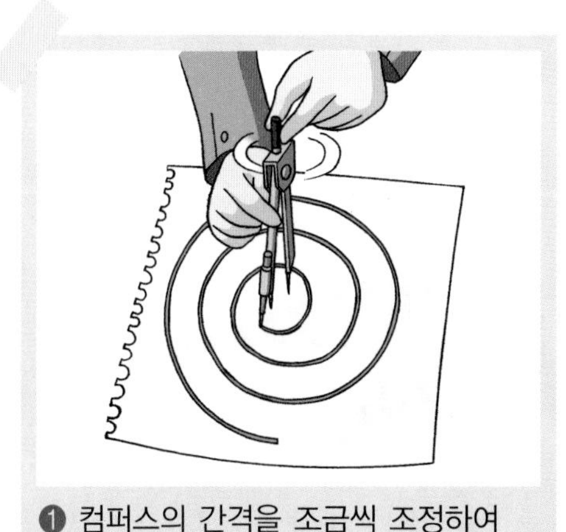

❶ 컴퍼스의 간격을 조금씩 조정하여 스케치북에 소용돌이를 그립니다.

❷ 소용돌이가 끊어지지 않게 가위로 오립니다.

❸ 바늘을 이용해 소용돌이 한가운데에 실을 꿰어 묶습니다.

❹ 소용돌이에 묶은 실의 반대편 끝을 소용돌이가 촛불 위 15cm 정도에 오도록 매답니다.

❺ 소용돌이가 빙빙 돌며 움직이는 것을 관찰합니다.

왜 그럴까요?

기체와 액체는 뜨거워진 부분이 팽창하고 가벼워지면서 위로 올라가고, 위에 있던 상대적으로 차가운 부분은 무거워져서 아래로 내려가는 대류를 통해 열을 전달합니다. 촛불 위의 소용돌이가 빙빙 돌며 움직이는 것도, 촛불 때문에 뜨거워진 공기가 안쪽으로 밀려 올라가고 주위의 차가운 공기가 아래로 내려가면서 움직이고 있기 때문입니다. 이러한 원리로 더운 공기와 찬 공기가 만나면 바람이 생기고, 더운물과 찬물이 만나면 해류가 생깁니다.

제2화
에릭의 실험반

연습실 A
연습실 사용 시간
시간
사용 학교
9:00~11:00
마루초등학교
11:00~1:00
1:00~3:00
3:00~5:00
한별초등학교
5:00~7:00
물질의 성질을 가지는 최소 단위가 뭐냐고?!
그야 당연히 원자지!
틀렸어!
원자는 물질을 이루는 최소 입자지만, 물질의 성질을 가지지는 않아!
그래. 물질의 성질을 가지는 건,
원자들이 결합한 분자부터야.
마술에서도 화학은 중요해서 잘 안다고.

내 말이 맞지?
선생님한테 반말하냐?
탁
탁
아, 그렇군.
그래, 라민이 네 말이 맞아.
물질의 성질을 가지는 최소 단위는 분자야.
그리고 미아야, 날 선생님이라고 하지 않아도 돼. 그냥 에릭이라고 불러.
거봐! 내가 맞혔어~! 이럴 때는 폭죽을 터트려 축하해야지!
뿅~
척
지금은 수업 중이잖아!
탁
앗, 내 폭죽!
이런 건 혼자 있을 때나 해! 예의 없게…….
지우개
응?
파앙!!

마술사의 물건을
훔치려 들다니
가소롭구나!
파하하하
라민이,
너…….

대체 몸에
몇 개나 숨기고
다니는 거야?
뒤적
그건
특급
비밀이지!
뒤적
뒤적
원자들이
결합하여
물질의 성질을
가지는 분자의
예…….
삑
삑

수소 원자(H) 두 개와
산소 원자(O) 하나가
합쳐진
산소 원자
수소 원자
물 분자
물 분자(H_2O)가
대표적이야.
그럼 오늘은
무슨 실험이야?

오늘은
첫날이니까
특별한 실험을
준비했어.
물질의 상태 변화와
관련된 거야.
먼저 기초 지식을
점검해 볼게.
오호!

지구의 모든 물질은 세 가지 상태로 존재해.

민호야, 이 세 가지 상태가 뭘까?
아, 응!
물질의 세 가지 상태는 고체, 액체, 기체야.
예를 들면?

고체는 일정한 형태를 유지할 수 있는 물질을 말해. 그러니까……,
모래나 돌, 연필이나 종이. 이 옷도 마찬가지고.

액체는 물이나 기름처럼 모양이 일정하지 않아서, 담는 그릇에 따라 모양이 달라지는 물질이지.

기체는 모양과 부피가 모두 일정하지 않고, 대부분 눈에 보이지 않아. 산소나 이산화탄소처럼!
지금 여기도 기체가 가득 차 있지.

그래. 너희들이 말한 고체, 액체, 기체의 특징은 분자 배열의 차이 때문에 생기는 거야.
분자 배열?
끄덕

고체 상태일 때 분자들은 촘촘한 간격으로 규칙적으로 배열되어서, 일정한 모양을 갖게 돼.
고체
얼음
그런데 액체 상태가 되면 분자 사이의 거리가 멀어지고, 불규칙하게 배열되지. 그래서 그릇에 따라 모양이 변하는 거야.
액체
물
기체 상태가 되면 분자 사이의 거리가 더 멀어져서 모양은 물론 부피의 변화도 매우 커져.
기체
수증기
에릭, 잠깐만! 작별 인사를 하러 왔어.
란이야.
탁탁탁
나 실은 에릭이 떠나는 게 싫었거든. 그런데 오늘 수업에서 알았어.
하아
눈 결정은 녹아 버리지만 사라지지 않잖아. 구름이 되고 비가 되고, 다시 눈이 되니까.
하아
에릭이 우리를 떠나서 다른 학교 학생이 되고 선생님이 되어도, 에릭 자신은 변하지 않는 거야. 그렇지?
흠…….

이렇게 물의 상태는 얼음이나 수증기 등으로 변하지만, 물 분자 자체는 변하지 않아.
자, 이제 중요한 것!
이렇게 물질의 상태를 변하게 하는 데 꼭 필요한 것은 뭘까?
상태를 변하게 하는 거라면, 에너지?
진동! 전자레인지는 분자의 진동으로 물질의 상태를 변하게 한다고.
빛도 물질의 상태에 변화를 줄 수 있어.

에너지, 진동, 빛 모두 맞아. 거기에서 공통적으로 존재하는 것이,
바로 열이야.
칙

자, 실험을 시작해 볼까?
먼저 알코올램프로
도가니를 가열해.
치익

이건 납과 주석의 혼합물인
실납이야.
척..
실납이 녹는 온도는
200~300℃나
되니까, 조심해야 해.

달칵
고체가 열을 흡수해서
액체로 변하고 있지?
이 과정을 융해라고 해.
스스스스

액체 상태에서 열을 흡수해서
기체 상태가 되는 과정은
기화라고 하고.

마술 무대에서는
환상적인 효과를 낼 때
종종 고체
이산화탄소인
드라이아이스를
쓰는데,
짠!
뭉게
뭉게
드라이아이스는 액체가
되지 않고 바로 기체가 되거든.
그건 승화라고 해!

맞아. 융해와 기화는
모두 열을 흡수하는
반응이지.
반대로 열을 방출하는
반응은 응고와 액화인데,
기체에서 고체로 변하는 건 양쪽
모두 승화라고 해.
스우우우
액체
융해
기화
응고
액화
고체
승화
기체
승화
그럼 이 실납이
기체가 되는
기화 현상까지
실험하는 거야?
오래
걸리겠는걸.
아니,
납이 끓는 온도는
1,700℃가 넘어서
특수 장비가 필요해.
오늘 실험은
융해 과정과 응고
과정까지만이야.
열을 흡수하는 융해 후,
열을 방출하는 응고를
실험하는 거지.
탁
아! 그 석고판에다
액체가 된 실납을
넣어 식히려는
거구나?

스윽
그래, 맞았어.

주르륵
이제 실납이 식기만 기다리면 되는 거네.
간단한걸?
이 실험에는 융해와 응고 외에도 중요한 원리가 있어.
여러 개의 실납이 녹아서 하나의 액체 상태가 되는 것처럼, 너희들도 대결에서 이기려면 하나가 되어야 해.
그래야 완벽한 별이 탄생할 수 있거든.

쾅
그럴 수
있도록……,
내가 도와줄게.
스윽
척…!!
내가 너희들의
변화에 꼭 필요한
열이 될 거야!
……!!

와!
방금 가슴이 두근거렸어.
실험으로 이런 감동을 주다니
정말 멋진 선생님인걸.
캬!
으…….

으아악
정말 느끼해서 더 이상
못 들어 주겠다!
너 정말 우리랑
동갑 맞아?
투둑
투둑
오싹
오싹

나도 너희 같은 제자들을
만나서 행운이라고 생각해.
후훗
부르르르

참! 이거…….
응?

오늘 오후 대결의
인터넷 중계
영상이야.
필요하댔지?
척
아, 고마워.

스윽
직접 보고 왔으면서
분석까지 하다니,
그렇게 중요한
팀이야?

…….
음…….

아, 그럼 오늘은 푹 쉬고 내일 보자.
정리는 내가 할게.

그, 그러지 뭐.
내일 봐.
그래.
아,
라민아!
스윽
응?
대회장에
마술 도구는
안 가져오는 게
좋아.
알았어. 하지만
내 몸 자체가 마술
도구인걸?
팡
…….

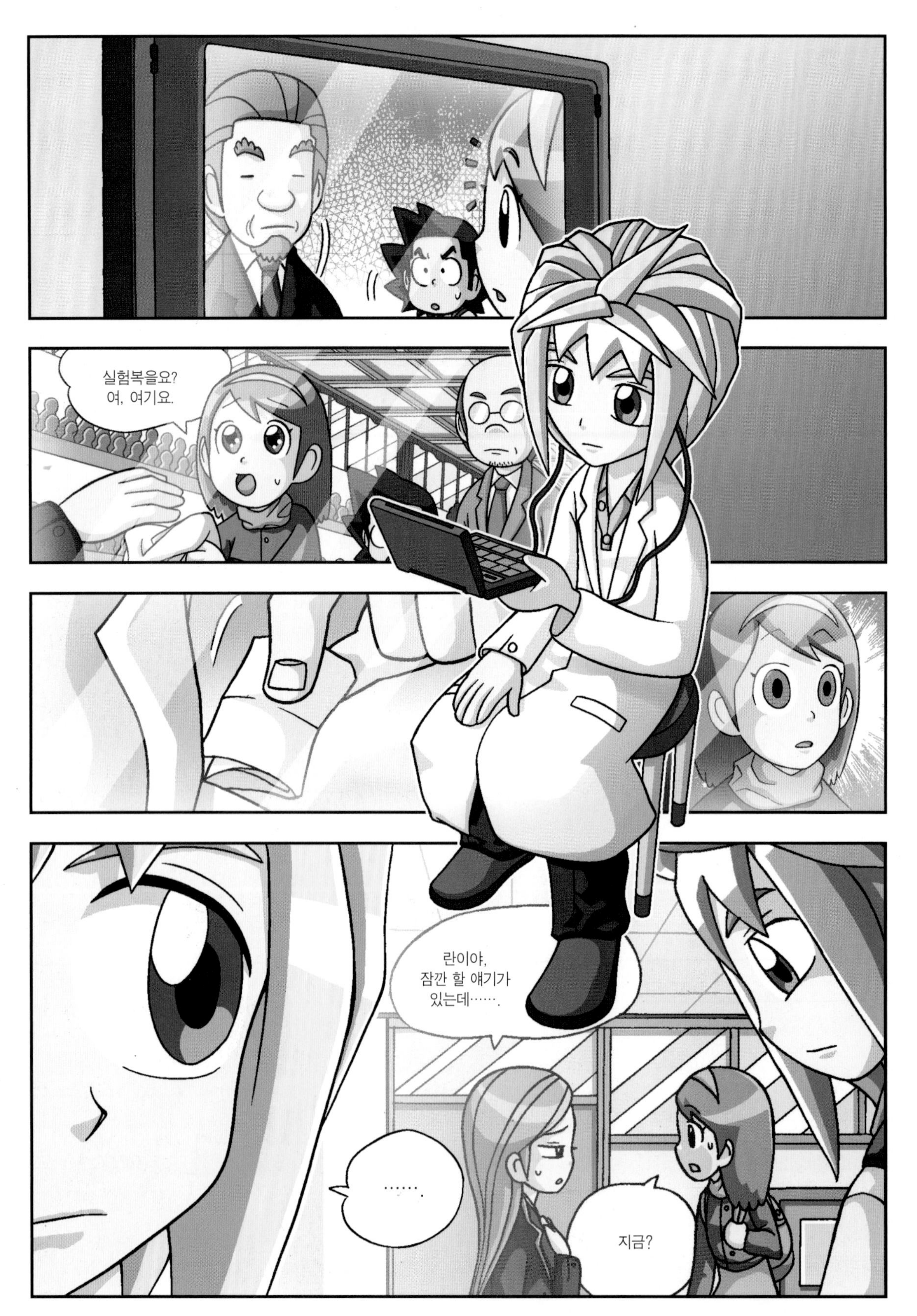
실험복을요?
여, 여기요.
란이야,
잠깐 할 얘기가
있는데…….
…….
지금?

……!
…
탁

어쨌든…….
내 계획을 망치게
그냥 두고 볼 수만은
없지.

당동…
철컹
이야~, 강원소!!
그렇지 않아도 네게
연락하려고 했는데!
물어볼 게 있어.
혹시 너……,
쉿~
누가 들으면
곤란하다고.
빡
영재원에서
한 팀으로 실험을
했던 녀석.
내 번호를 알고
있으니까…….
목소리 낮춰.

눈에 안 띄는 곳에서 얘기하자.
?

나도 물어보고 싶었거든.

실험 주제는 어떻게 알아낸 거야?
뭐?!

나도 생중계로 다 봤어.
혹시 전체 대결의 주제를 다 아는 거 아냐?
비밀은 지킬 테니까 말해 줘. 우리 학교는 1주일 뒤란 말이야.
후훗
...

나한테 문자를 보낸 건 네가 아니군.
휙..
문자로 알아낸 거야?
누가 보내 줬는데?!

꾹..
뭐, 뭐야?
그냥 가려고?
땡
이럴 거면 여긴
왜 왔는데?

철컹
잘못 찾아왔어.
이만 갈게.
뭐?!
윙~

강원소!
야!
스으으으

위이이잉
너 정말
이럴 거야?

영재 과학 학원
영재원에서 나와
연락을 주고받았던 건,
같은 팀이었던
두 사람밖에 없어.
이 녀석은 뭔가
알지도 몰라.
두리번
끼익
두리번

강원소,
무슨 일인지
빨리 말해.
나 또
수업 있어.
응…….

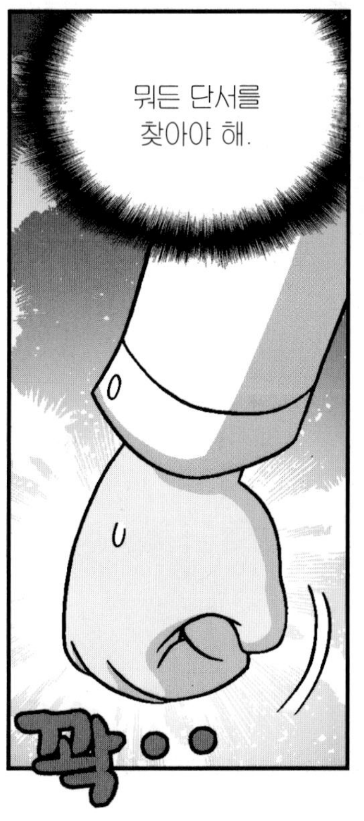
뭐든 단서를
찾아야 해.
꽉…

너 혹시…….

영재원
수료식 날,
혹시 나한테
문자 보냈어?
수료식 날?
내가 너한테?
오늘 대결에
대해서 말이야.
아! 오늘 너희 학교
대결이었냐? 오전부터
실험이 있어서
못 봤는데…….
이겼어?
정말 모르는
일이야?
얘기해 줘.
아주 중요한 일이야.
뭐야?
바쁜 사람 찾아와서는!
알아듣게 말을 해야지.
나 수업 들어가야
하거든. 다음에
얘기하자. 괜찮지?

그래…….
스윽
이 녀석도 아니라면
대체 누가…….
멈칫
아!

뭔지 모르겠지만.

영재원 일이라면
반디한테 물어보는 게 어때?
반디 녀석이 발도 넓고
모르는 게 없으니까.
정반디?!
··!!
뭔가 알고
있었다고?!
대결 상대였던
녀석이…….

쓱…

사이언 실험 나라
과학고대비
초등영재반

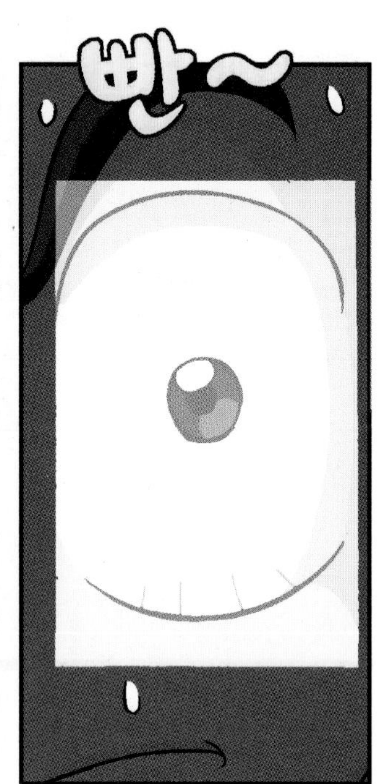
빤~

좋아! 잠복 준비 완료!
꼭 이렇게 숨어 있어야 하는 거냐?
히히

쉿!!
범인이 눈치채고 안 나타나면 어쩌려고 그래?
속닥
범인은 범행 현장에 꼭 다시 나타난다고!
속닥

여기가 범행 현장인지도 확실하지 않잖아.
앗! 나타났다!!

저번 우리 연극 때 왔던
란이 친구, 나아영이야.
그래?
딱 걸렸어!
출동!
범인 검거!!
좌악
퍽
나아영!
게 섰거라!!
엥?
철
퍽
꺅!
저, 저기 네가
나아영 맞지?
맞는데,
넌 누구니?
이 이상한
녀석이랑
아는 사이야?

버럭!
못 알아보는 척하지 마!
우린 그 유명한 새벽초 실험반의……!
아, 그래!!

새벽초 실험반의 나머지들이구나?
둥…
원소
나머지
야!
란이
뭐?!

나머지라니! 말 똑바로 해! 내가 주인공인 것도 모르냐?
힝~
그래, 당장 취소해!
그것보다, 오늘 대결은 대체 어떻게 된 거야?
대결 결과 발표가 연기된다던데, 정말이야?

그건 상관 말고!
네 실험복이나 당장 보여 줘!
척!
내 실험복?

내가 실험복 들고 온 건 어떻게 알았냐…….
그런데 왜?
스윽

착!

나아영
우리 실험복과
별 차이가 없는데?
오랫동안 쓴 흔적도 있고,
게다가 이름까지 새겨져 있어.
아무래도 아영이는
아닌 것 같아.
나도 같은
생각이야.

됐으니까
가도 좋아.
하지만 넌
용의자니까,
너무 멀리 가진
마라.
……!
그럼 이제 누굴
감시하지?
너희들 둘 다
여자 친구 없지?
글쎄.

좋아하는 애가 있어도
말도 못하고 짝사랑만
하고 있을걸?
재, 잰
뭐야?!
그걸 어떻게
알았지?

사이언 실험
영재반
니들 하는 거
보니까 뻔하다!
무슨 매너가
그따위냐고!
숙녀를 찾아왔으면 정중하게
인사를 하고 용건을 밝힌 뒤
양해를 구해야지! 그런 식이면
너희는 평생 짝사랑만 할 거다!
히익~
화
악

흥!
아, 알았어…….
미안해,
실은…….
뭐냐…….

좀 복잡한 문제라서 말하지 못했어.
정확하지도 않고…….
게다가
넌 숙녀도
아니니까!
불쑥

란이 일이지?
내가 도와줄 수
있을지도 모르잖아.
말해 줘!
삐질..
콰악
덜덜
덜덜
덜덜
그, 그래.

란이 실험복에서 나온 쪽지에 우리 실험 대결의 주제가 적혀 있었어.
그런데 그 실험복은 란이 게 아니라, 누군가에게 받은 거래.
뭐?!
그래. 혹시 짐작 가는 사람 있어?
캑 캑

실험 학원 친구라면 내가 다 알아. 하지만……,
왜 그런 짓을 했을까?
너희가 떨어지길 바라는 사람이 누구지?
팍
넌 통과.

세나라면 이미 예선에서 떨어졌으니, 그럴 필요가 없잖아.
팍

그럼 대체 누가…….
둥…!!
에릭?!

맞아! 범행 동기가 가장 분명한 사람!
왜 진작 그 생각을 못했지?!
팡
뭐야, 그런 기본적인 것도 생각하지 않고…….
무작정 여기로 온 거였어?
흥..
뭐……, 범행 동기는 누구에게나 있으니까.
그냥 인정해.

뭐? 그럼 내게도 범행 동기가 있단 말이야?
당연하지!
너의 범행 동기는 아주 명백해!
넌, 란이를 질투한 거야!
란이는 예쁘고 상냥한데다 똑똑하기까지 한데,
그런데 란이가 전국 대회에까지 진출하면서 더 완벽해지니까, 넌 두려웠던 거야.
넌 못생기고 인기도 없잖아!
그, 그만해. 우주야.

니가 뭘 잘 모르는 것 같은데, 난 못생기지 않았고 인기도 있어.
씨익
하지만 성격이 나쁘고 힘이 세지.
못 믿을 것 같으니까 증명해 주마!!
쿠
쿠
뜨악!
쿵
으아악! 살려 줘!
그건 가정일 뿐이었다고!
퍽
그런 건 생각하지도 마! 알았냐?
팍
퍽
끄윽
119에 전화 좀 해 주세요.
…….

터벅
터벅..
하아~
아아, 오늘은 정말 최악의 날이야.
1차 대결 주제
열의 이동
우앗!
란이는 누명을 썼고, 내 몸은 만신창이가 됐어.
그래도 입은 멀쩡하니, 얼마나 다행이냐.
저벅
저벅
니 눈엔 이게 멀쩡해 보이냐?

강원소!
움찔!

꼴이 왜 그래?
묻지 마라. 나도 괴롭다.
하아~

원소야, 문자 보낸 사람은 알아냈어?

절레
쳇.
…….
절레

너희는 어때?
얼굴 보면 모르겠냐?
휴우…….

…….
하지만 내일 또…….
그래, 우리도…….

저런~,
힘이 완전히 빠졌군.
저런 모습을
지켜봐야 하다니,
스승이란 참
어려운 거예요.
…….
음…….
후..
스윽

오늘은 별이 안 보이는군…….
구름에 가려서 안 보인다고 해도,
별은 늘 빛나고 있다고 말씀하셨죠.
과연 구름이 걷힐까요?

파렌하이트(Gabriel Daniel Fahrenheit)와 셀시우스(Anders Celsius)

셀시우스(1701~1744)
섭씨온도계의 기원을 확립한 물리학자이자, 오랫동안 오로라를 관찰해 온 천문학자입니다.

온도의 체계는 17세기에 이르러서야 만들어지기 시작했는데, 처음엔 만든 사람에 따라 그 원리와 수치가 모두 달라서 복잡하고 불편했습니다. 이 문제는 화씨(°F)를 만든 파렌하이트와 섭씨(℃)를 만든 셀시우스가 해결해 주었습니다.

독일의 물리학자 파렌하이트(1686~1736)는 네덜란드에서 익힌 유리 기구 제작 기술로, 알코올을 이용한 실용적이고 정밀한 최초의 온도계를 만들었습니다. 또한 1720년에는 수은 온도계를 발명하고 표준 온도 단위를 만들었는데, 이때의 온도는 물이 어는점을 32, 끓는점을 212로 정하여 그 사이를 180등분하여 측정하고, 자신의 이름 첫 글자를 따서 단위를 화씨(°F)로 붙였습니다.

1742년 무렵 스웨덴의 과학자 셀시우스는 새로운 온도 단위를 창시하였는데, 그것은 끓는점을 100, 어는점을 0으로 하고 그 사이를 100등분한 온도 체계입니다. 단위는 그의 이름을 딴 C로 정해 섭씨(℃)라고 불렀습니다.

이렇게 두 사람이 만든 표준 온도계는 온도에 대한 기본 체계를 마련하였고, 열 연구의 획기적인 발전을 이루게 했습니다. 섭씨(℃)는 화씨(°F)보다 알기 쉽고 계산법이 정확하여, 미국의 일부 지역을 제외한 전 세계 대부분의 나라에서 표준 온도 단위로 사용되고 있습니다.

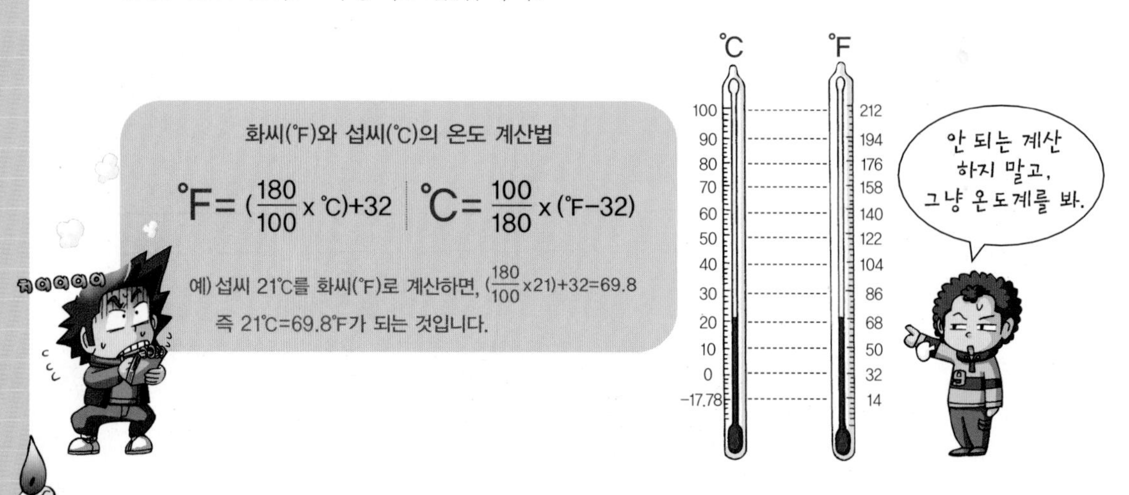

G박사의 실험실 1

드라이아이스를 사용할 때 주의 사항

승화란 고체 상태에서 액체를 거치지 않고 바로 기체 상태로 변화하는 과정을 말합니다. 드라이아이스나 나프탈렌이 대표적인 승화 물질이지요.

물체가 승화할 때는 주변의 열을 빼앗아 흡수하기 때문에, 승화 물질을 다룰 때는 주의해야 합니다.

특히 빠른 속도로 승화하는 드라이아이스에 피부가 닿으면 열을 빼앗긴 피부의 조직 속 수분이 급속히 얼어 버려, 마치 화상을 입은 것과 같은 상태가 됩니다.

드라이아이스로 실험을 할 때는 꼭 장갑을 착용하고 집게 등을 사용하며, 동상을 입으면 긁거나 문지르지 말고 최대한 따뜻하게 한 다음 병원에 가는 것이 좋습니다.

제3화

도대체 왜 우리가
이 고생을 해야 해?
이게 다 란이 때문이야.
실격당할 위기에 처했는데
저러고 있는 게
너무 답답해.
맞아, 란이가
실험복 주인이
누구인지만 말하면
되는 거잖아!
하아~

내 실력은 믿겠지?

탁
탁
탁
영재원
일이라면,
반디한테
물어보는 게
어때?
헉~
헉~
헉
헉

척
깜짝!

워, 원소야!
안녕?
아, 유진!
지금 오는
거야?

우, 우리는 오늘 오전 대결이야.
다른 애들은 어제 왔는데,
나, 난 일이 있어서
느, 늦었어.
응.

저, 저기…….

대, 대결에서……,
그 실험복 준 사람은
차, 찾았어?
아니,
아직.
나 먼저
갈게.

아! 저, 저기
워, 원소야!
하, 할 말이
있어!

나중에 들어도 될까?
난 지금 빨리 정반디를
찾아서 만나야 해.
그, 그러니까
내, 내가…….

도, 도와줄게!
잠깐만…….
응?

아!
여기 있다.
어,
어디…….
삑
삑

아, 안녕?
나 유, 유진인데,
지금 어디 있어?
여, 연습실?
그, 그래.

정반디?
응! 지, 지금
단체 연습실에 있대!
탁

어,
언제든지…….
응,
그럼…….
휙..

도움이 필요하면
얘, 얘기해.
탁
탁
탁
탁
탁

저벅
저벅
단체연습실
철
컹

…….
어? 새벽초
강원소다!

정반디!
강원소,
웬일이야?
물어볼 게
있는데……,
잠깐
나올래?
휙..
여기서 물어보면 안 돼?
지금 막 실험을 시작하려던
참이었거든.

좋아.
G칩

혹시……,
영재원에서 내게
익명으로 문자를
보낼 만한 사람을
알고 있어?

영재원에서?
잘 모르겠는데.
팍
잘 생각해 봐.
이번 일과 관계된 거야.
잠깐! 너
말이야…….
이렇게 돌아다녀도
괜찮은 거야?
웅성
그래, 너희는 아직
조사 중이잖아.
게다가 너희 팀의
부정행위 때문에, 우리도
피해를 입었다고…….
새벽초래…….
첫 대결에서
그…….
…….
웅성
웅성
아, 나도 봤어!
실험복에서 커닝
페이퍼가 나왔지?
웅성
나도 분명히 봤어!
여자애 실험복에서
나온 쪽지!
웅성
뻔뻔하긴…….

내가……,
정말 그런 짓을
했을 거라고 생각해?

?
스윽

그, 그야 조사가
끝나 보면 알겠지.
그래!
그때까지지는
널 믿을 수
없어.

날 믿을 필요는 없어.
둥..

준비물이
이렇게라면…….
스탠드
과자
메스실린더
알코올램프
시험관
이 과자의
열량 구하기 실험?
끄덕
과자를 먹으면 소화 기관에서
소화되어 체내로 흡수되고,
이것은 혈관을 통해
온몸의 세포로 공급되지.
그러면 세포는 이를 분해해서
인체에 필요한 에너지를 만들어.
쏙
소화계
혈관계
세포
인체
스윽
끼릭
끼릭

야! 지금
뭐 하는 거야?
왜 우리 실험을
네가…….

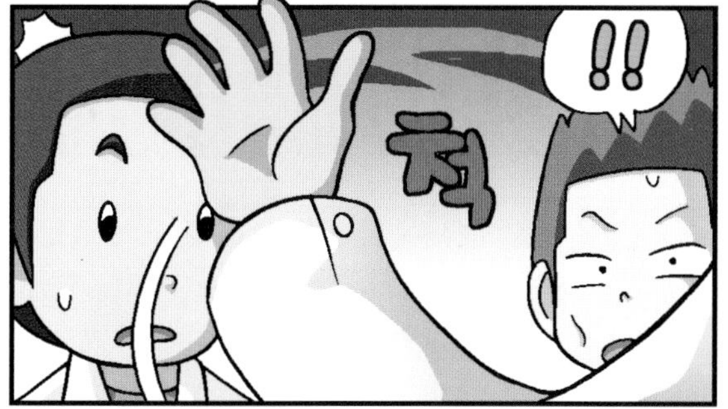
척
!!

어차피 하려던 실험이니까
같이 해도 괜찮지?

먼저 이 과자의 질량을
정확히 재야겠군.
스윽

00.60
삑..

물은 20ml로
하면 되겠지?

척

메스실린더으로 물의 양을 확인하고 시험관에 옮겨 담았어.
꿀꺽
…….
시험관에 온도계를 꽂아 스탠드에 고정시켜.
달칵
알코올램프에 불을 켜서…….
과자를 바늘에 끼우고 집게로 집어 불을 붙이지.
화르륵
그리고 불이 붙은 과자로 시험관을 가열시키는 거야.
G칩
뭐야? 둘이 의논도 안 했는데 실험을 바로 진행하고 있어.
저 실험 해 봤어?
아, 아니.

*열량(cal) 계산=물의 비열(cal/g°C)x물의 질량(g)x온도 변화(°C)

술렁…
하지만 이 실험에서 알아낸 과자의 열량은 과자가 우리 몸속에서 실제로 내는 열량과는 달라.
그래. 실험에서는 한꺼번에 연소시켜 강한 열을 냈지만, 우리 몸속에서는 세포의 호흡으로 천천히 에너지를 만들어 내니까.
이 과자는 지방 44%, 탄수화물 18%, 단백질 8%로 이루어져 있어. 나머지는 열량이 없는 성분이지.
1g당 지방은 9kcal, 탄수화물은 4kcal, 단백질은 4kcal의 열량을 내.
그래서 1g의 과자는 지방에서 3.96kcal, 탄수화물에서 0.72kcal, 단백질에서 0.32kcal을 내서 모두 5kcal가 되는 거야.
탄수화물 18%
지방 44%
단백질 8%
그 외 30%
탄수화물 0.18×4=0.72kcal
지방 0.44×9=3.96kcal
단백질 0.08×4=0.32kcal

술렁 술렁
완전 백과 사전이야!
음…….
이렇게 만들어진 에너지 중 60%는 가장 기본적인 생명 활동을 위해 열을 발생시켜 체온을 유지하지.
동물은 체온을 유지하는 방식에 따라서 정온 동물과 변온 동물로 나뉘기도 해.
사람
곰
새
정온 동물
뱀
개구리
물고기
변온 동물
대뇌
간뇌
소뇌
정온 동물인 사람이 기후 조건에 따라 체온을 조절하는 것은 뇌 덕분이야.
대뇌와 소뇌 사이의 간뇌가 그 역할을 하지.
와아!
대단해!

이런 실험은
수십 번도 더 해 봤어.
쏴아아아
하나만 봐도
다음 실험 순서부터
그 결과나 어떻게 하면
실패하는지뿐만 아니라,
실험실의 공기 흐름까지
모두 파악하고 있어.
날 믿지
않아도……,
이런 내 실력은 믿겠지?
달각

척··

누군가 이번 일을 미리 알고 있었어.
일부러 쪽지를 넣은 실험복을 줘서 우리를 곤경에 빠뜨릴 거라는…….

자, 잠깐.
실험복을 준 사람이 있다고?

그럼 그 실험복이 그 아이 것이 아니었단 말이야?
그런데 왜 걔가 입고 있었던 거야?

너희들……, 전혀 몰랐어?

비밀리에 조사 중인 일을
우리가 어떻게 아냐?
그, 그야…….
응?
그것도 그렇지만,
영재원에서 네게
뭔가 알려 줄 만한
사람은…….
전혀
모르겠는걸?
…….

하지만 네 실험과
실력은 잘 봤어.
후우…

휙…

아, 그렇지.

영재원 전체 명단을 구해서
찾아보면 어때?
마침 비상 연락망을
관리했던 녀석도,
이곳에 와 있어.
비상
연락망?
유진이라고……,
말 더듬는 친구가
있었는데.
기억해?
유진?!

탁
그 실험복이
그 아이 것이
아니었다고?
대, 대결에서
그 실험복
준 사람은
차, 찾았어?
이번 전국 대회
첫 대결을 조심해!
-발신자 표시 제한-
그런데 왜 걔가
입고 있었던 거야?
오늘 오전 대결이야.
다른 애들은 어제
왔는데, 나, 난 일이
있어서 느, 늦었어.
마침 비상 연락망을
관리했던 녀석도, 이곳에 와 있어.
그래!! 방금 도착한 녀석이
이곳에 있던 아이들보다
상황을 더 잘 알고 있었어.
게다가 내 휴대폰 번호도 알고…….
둥

하, 할 말이
있어!
꽉
탁
탁
내게 문자를
보낸 건……,
탁
탁
탁
유진이야!!
이팅!
와아아아
와아

와아아아…
후~
대체 다들
어디에 숨은
건지…….
터덜 터덜
뭐야, 합숙소 쪽도
허탕이야?
빠직
거기다 오늘 오후 대결이라면서
연습실에도 없는 에릭
녀석은 뭐야?
하여튼! 원소
그 녀석은 단체
활동에 큰 장애가
있다니까!
응. 에릭네는
모두 나갔고,
원소도 반디를 찾으러
나가서 아직
안 돌아왔대.
버럭

보기 싫을 땐 잘도
나타나더니만…….
분명히 눈치채고
잠적한 거야!
우리가 한발
늦은 거지.
체…

찾기 힘든 건
너희들 쪽인데?
퍼뜩
이 목소리는?

후~
어딜 그렇게 바쁘게
다니는 거야?
에릭!!

날 찾았다니,
무슨 용건이라도 있어?
흥!

너야말로 우릴 찾아다닌
모양인데, 그 이유를 밝히시지!
척!

너희들 대결에 관해,
할 얘기가 있어.
둥…

그럴 줄 알았어!
척!
역시 양심에 찔려서, 자백하러 온 거군! 잘 생각했어!

다 용서해 줄 테니 사실대로 말해!
뿌득
범우주 님과 대결할 자신이 없어서 떨어뜨리려고 그런 거지?
빠직..
뭐라고?!

후우~
난 말이야, 선생님과의 대결을 기대하고 있는 몸이라고.
그래서 지금 너희가 실격하면 아주 곤란해지거든.

그럼 뭐야? 자백하려는 게 아니면 무슨 할 말이 있다는 거야?
풀썩
그것도 대결에 관해서…….

너희들이 해결할 수
있을지는 모르겠지만,
알려 줄 게 있어.
뭐?!

너희들 대결
바로 전날,
실험
학원으로…….

란이를 찾아온
친구가 있었어.
뭐,
뭐라고?!
두둥

플라스크

플라스크는 투명한 유리로 만든 집기병입니다. 압력 실험이나 가스 발생 실험, 증류 실험 등에 사용하며, 실험 과정에서 발생한 액체나 기체를 넣고 꺼낼 때도 이용합니다. 둥근 플라스크, 넓적 바닥 플라스크, 삼각 플라스크, 가지 달린 플라스크 등이 있는데, 실험에 따라 고무마개, 유리관, 고무관 등을 끼워 사용합니다.

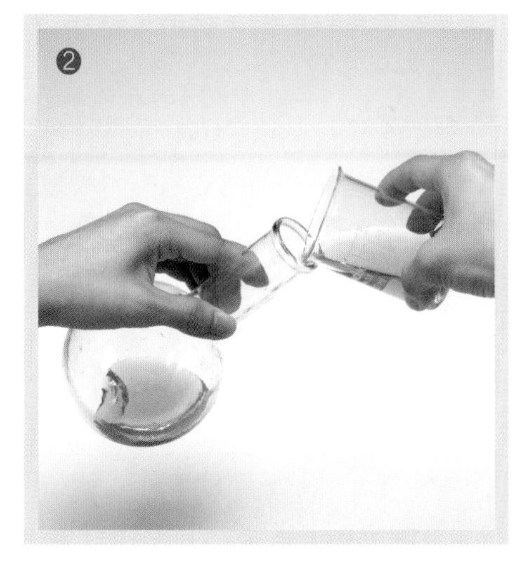

❶ 한 손으로 입구 근처의 목 부분을 잡고, 다른 한 손으로는 밑을 받쳐 듭니다.

❷ 액체를 넣을 때는 플라스크를 기울여, 액체가 벽을 타고 천천히 흐르도록 합니다.

❸ 가열 실험을 할 경우 액체가 5분의 1 정도만 차게 하고, 플라스크가 석면에 닿지 않게 철제 스탠드와 클램프를 이용해 단단히 고정시킵니다.

솔

실험에 사용한 기구를 깨끗이 닦기 위한 것으로, 기구의 종류에 따라 솔의 종류, 넓이, 모양이 다릅니다. 폭이 넓은 솔은 비커나 입구가 좁고 안은 넓은 플라스크 같은 기구를 닦는 데 유용하며, 손잡이가 길고 폭이 좁은 것으로는 깊이가 있는 시험관 등을 닦습니다. 세모꼴로 생긴 솔은 스포이트, 피펫 등에 사용합니다.

❶ 10~20% 정도 농도로 물에 탄 세제에 솔을 찍어서 사용합니다.

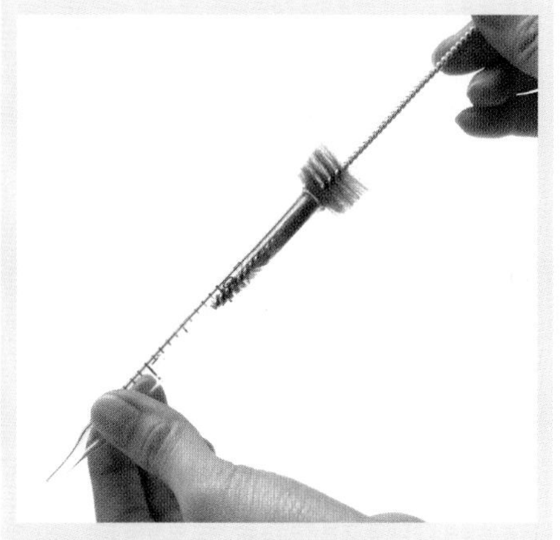

❷ 스포이트나 피펫을 닦을 때는 위아래로 닦으며, 힘 조절을 하여 끝이 깨지지 않게 주의합니다.

❸ 둥근 플라스크의 내부를 닦을 때는, 솔의 중간을 약간 꺾어 집어넣어서 잡아당기며 닦습니다.

제4화

밝혀진 진실

그 친구가 들고 있던
종이 가방에
실험복이 있었어.
하지만 란이는 친구 이름을
말하지 않고 있지?
그 친구는 시치미를 떼면
그만이고, 내가 본 건
증거로는 부족해.
그냥 추측일 뿐이지.
그런데도…….
너희가 해결할
수 있겠어?
둥..

원소 녀석은 이렇게
급박한 때, 왜 하필
대회장에 간 거야?
탁 탁

몰라, 뭐라고 하긴 했는데
주변 소음 때문에 잘 안 들렸어.
헉 헉
어디라고?

빨리 이 사실을
원소에게
알려 줘야 해!

그래, 이 일을
해결할 수 있는
사람은…….
탁
탁
탁

원소뿐이니까!
와아아아아아

두리번
와아~
와~

으아! 이 많은
사람들 속에서
어떻게 찾지?
시끌
시끌
끙~.
성큼
왜 못 찾아?
란이를 위해서라면
올림픽 경기장에서
개미 한 마리라도
찾아낼 거야!
?
성큼
제발 빨리
나타나라.
화끈~
안 나오면
쳐들어간다!
강원소,
어딨어?
강원소!
히익!
쩌렁
쩌렁

학생! 앉아!
서끌
안 보이잖아. 비켜~!
서끌
당장 나와!
방해 안 되게 뒤쪽 길로 다니라고!

급하게 사람을 찾는 중이에요!
잠깐이면 돼요!
워워~.

강원소오오오!
어!
스윽

한쪽이 먼저 성공했어!
시작한다!
확!
으악!
벌러덩

찡~
뭘 성공했다는 거야?

알코올
화르륵
어?!

와아아아
화르르
둥실
알코올
열기구가 멋지게 날아올랐어!
웅성
와아아아
음…….
웅성

날씨
이번 대결의 주제는 날씨네.
둥실
그렇다면 열기구 실험은……,

우리가 했던 열의 이동 실험과 같은 원리지? 뜨거운 공기는 위로
차가운 공기는 아래로…….
대류 상자
바로 대류 현상 말이야.

저기……, 기후가 어떨까?
열은 눈이나 비 같은 날씨에 큰 영향을 주잖아.
란이야……!
내가 꼭 진실을 밝혀낼 거야.

어! 저쪽 팀 실험도 성공한 것 같아.
척…
와아아
저게 뭐지?
빙글
콰르르르
토네이도라…….

스윽
온대의 저기압과 불안정하고 강한 한랭 전선, 이렇게 두 기단이 만날 때 생기는 강력한 상승 기류야.

지상의 따뜻한 공기와 공중의 차가운 공기가 만나면,
따뜻한 공기가 위로 올라가려는 강한 상승 기류가 발생하는데,
이때 상승력과 함께 회전력이 생성되는 거지.
휘이이잉

회전력이 증가해 주위 공기까지 빨려 들어가 점점 커지면,
기차를 들어 올릴 정도의 괴력을 가지게 돼.
쿠쿠쿠쿠

웅성
웅성
그러고 보니, 두 팀 모두 대류 현상에서 오는 날씨를 실험하고 있군.
하지만 열기구 실험 쪽이 대류 현상의 원리를 보여 주는 데 반해,
저 토네이도 실험은 대류의 원리가 아닌 물의 압력 차이로 만들어 낸 것뿐이야.

뭐, 그래 봤자
둘 다 시시해!
특히 저 녀석,
어쩌다 여기까지
온 거야?
저 녀석 실력도
무시할 정도는
아냐.
너도 그때
확실히 봤잖아.

화끈!
원소
녀석이 자꾸
거슬렸다고!
그, 그땐 내가 잠시
딴생각을 해서
그랬던 거야!
신기록이 나왔군요.
제일 적은 개수와
제일 많은 개수.
화들짝!
와아
헤헤
아, 맞다!

너도 원소 전화번호
알고 있지? 혹시 그 녀석에게
문자 보낸 적 있어?
이번 대결이나
실험복에 대해서…….
뭐?! 너
실험복에
대해 어떻게
알아?

뭔가 알고
있는 거야?
너……,
스윽
움찔..

알긴 뭘
알아?
괜히 와서
시간만
낭비했네.
나 간다.

멈칫…
허홍! 너 정말
모르는 거야?

어차피 녀석들이
실격하면 너희에게
좋은 일이니까.
안 그래?
너도 모른
척하는 게
좋지 않겠어?
스윽
뭐라고……?

저 실험도
재미있는걸?
쿠르르
회오리
좀 봐.
지금 그거 구경할
때가 아니잖아~.
잠깐! 어느 쪽 승리인지
곧 발표될 텐데…….
보나마나
열기구 만든
팀이 이겼어.

뭐? 어째서?
뭐래?
웅성
웅성
?!
못 봤어? 토네이도를
만들려고 병을 흔들던
애 말이야.
토네이도가 만들어진 다음에
물이 다 내려갈 때까지,
연결된 중간 부분을
꽉 잡고 있었어.
…….
정말?
꼬옥
물이 새고 있었거든.
그럼 감점이 크잖아.

물이 샜다고?
그걸 어떻게 봤어?

실험이 끝나자마자
페트병 잡고 있던 손을
실험복에 닦던걸?
대체 원소
녀석은 어디
있는 거야?
실험복에?

자, 그럼 점수를
발표하겠습니다.
아…….
38점 대 42.5점으로
열기구 실험을 한
구만초등학교의 승리입니다.
으…….
뭐야,
정말이잖아?
축축

눈이 좋은 거야,
설마 관찰력이……?
강원소,
어딨냐?
강원소!

휘번뜩
앗, 찾았다!!
뭐?
어디?

저기!
헉!
저게 보여?
야호~.
이겼다!

아우우~
……
으악,
저 녀석!
또 어딜
가는 거야?
휙..

탁탁
역시 눈이 좋은 거였어…….

잘했다!
아슬아슬 했어!

야, 강원소!!
멈칫
워, 원소야!
유진!

우린 대기실에서
기다리마.
어서 와~.
네, 네.
움찔
내게 경고의 문자를
보낸 사람……, 너지?
뭐야? 이 녀석이
문자를 보냈어?
왜 그런 이상한
문자를 보낸 거야?
넌 오늘 도착했는데도
실험복에 대해서
알고 있었어. 우리 외에는
아무도 모르던
일이었는데 말이야.
저, 저기…….
게다가 넌 비상
연락망을 관리하니까,
내 번호도 알고 있었지.

정말 미, 미, 미, 미안해!!
마, 말하려고 했는데…….
아, 안 믿을 것 같았어…….
뭐?

다, 다들 내 말을 무시해……. 너, 너도 비웃을 것 같았어.
그냥 지나가다 우, 우연히 들은 이야기라서…….
느, 늦어 버렸어.
그런데 진짜로 그 일이 생기니까 무, 무서웠어.
그래서 말하려고 했는데, 그랬는데…….

아직
늦지 않았어.

둥..
그러니까 알려 줘.
네가 알고 있는 것.
부탁해.
천하의 원소가
부탁을…….

아…….

응…….
마, 말할게.
끄덕
여, 영재원
마지막 날이었어. 다, 다들
강의실에서 나갔고,
나, 난 선생님과 상담을 하느라
늦게 나갔는데…….

탁
앗, 회상
장면?!

멈칫
뭐?
첫 대결에서
실험복을
선물하겠다고?!
이번엔 또
무슨 꿍꿍이야?

두리번
두리번
대결 주제는 어떻게
알아낸 거야?

……!
훗, 원소 녀석!
첫 대결에서 정신을
번쩍 차리겠군!
하하하.

그 자리에서 바로
원소 네게 문자를
보냈고…….
내, 내가 들은 건
그게 다야…….
꾹…
꾹,
꾹꾹
역시 허홍
녀석도
관련이?!

그럼 누구랑
통화했는지는
못 들었다는 거군.
곰곰~
…….

으, 응.
끄덕

뭐?
됐어. 그 정도면
확실해졌어.

설마…….

그 의심스러운 선물을 준 사람이
누군지는 우리가 알아냈거든.
끄덕

맞아! 란이의 실험 학원
친구이자, 허홍과
전화할 정도로
친한…….
둥..
쿠쿠 쿠쿠
강세나…….
쿠
쿠..

열에 의한 분자 운동 관찰하기

실험 보고서	
실험 주제	열에 의한 부피 변화를 눈으로 확인하고, 분자 운동과 온도의 관계를 알 수 있습니다.
준비물	❶둥근 플라스크 ❷철제 스탠드 ❸클램프 ❹수조 ❺물 ❻석면 ❼삼발이 ❽알코올램프 ❾성냥 ❿풍선
실험 예상	열을 받아 온도가 올라가면 공기의 분자 운동이 활발해져 풍선이 커지고, 열을 빼앗겨 온도가 내려가면 분자 운동이 약해져 풍선이 줄어들 것입니다.
주의 사항	❶ 가열하기 전에 클램프를 이용해 플라스크를 철제 스탠드에 단단히 고정시킵니다. ❷ 가열할 때 석면과 플라스크가 닿지 않도록 합니다. ❸ 알코올램프를 다루거나 가열된 플라스크에 풍선을 씌울 때는, 장갑을 껴서 화상을 방지합니다.

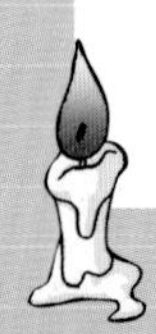

실험 방법

❶ 삼발이에 석면을 얹고, 아래에 알코올램프를 준비합니다.

❷ 둥근 플라스크에 5분의 1가량 물을 넣어, 알코올램프 위에 오도록 클램프를 이용해 철제 스탠드에 고정시킵니다.

❸ 알코올램프를 켜고 잠깐 가열해 플라스크 속의 공기를 밖으로 내보낸 후, 플라스크 주둥이에 풍선을 끼웁니다.

❹ 가열되어 온도가 높아지면서 생기는 풍선의 변화를 관찰하다가, 물이 끓으면 알코올램프를 끕니다.

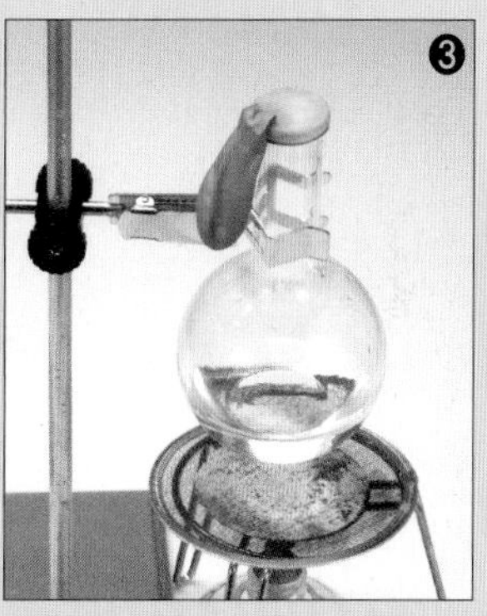

❺ 플라스크 아래에 수조를 놓고, 다른 플라스크를 이용해 가열된 플라스크에 찬물을 천천히 붓습니다.

실험 방법

❻ 가열되었던 플라스크가 찬물에 열을 빼앗겨 온도가 낮아지면서 생기는 풍선의 변화를 관찰합니다.

실험 결과

플라스크를 가열해 온도를 높이면 풍선이 점점 부풀어 오릅니다. 반대로 플라스크를 찬물로 식혀 온도를 낮추면, 풍선은 점점 줄어들어 처음 상태로 돌아갑니다.

왜 그럴까요?

모든 물질은 우리 눈에 직접 보이지는 않지만, 물질의 성질을 가진 최소 단위인 분자로 이루어져 있습니다. 물질이 고체, 액체, 기체로 상태가 바뀌는 것은 분자들의 배열이 변하면서 이루어지는 것으로, 액체 상태였던 물이 기체인 수증기로 변하는 것도 물 분자의 배열이 달라진 것입니다. 액체 상태인 물 분자가 열에너지를 얻으면서 운동이 활발해져 수증기가 되면, 분자들의 간격이 멀어지면서 부피가 증가하게 됩니다. 풍선이 부푸는 것은 이렇게 분자의 부피가 증가했기 때문입니다. 그리고 다시 열에너지를 빼앗기면 분자의 운동이 느려지면서 분자들의 간격이 좁아져 늘어났던 부피가 감소하게 되기 때문에, 풍선이 쪼그라드는 것입니다.

G박사의 실험실 2

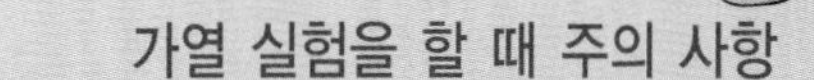

오늘 G박사의 실험실에서는
열과 바람의 원리를 알아본다는데…….

불을 사용해 실험을 할 때는
화재에 대비하여 소화기나 모래 등을
준비해 두고, 타기 쉬운 인화성 물질은
멀리 옮겨 둡니다.

또한 높은 열에 가까이 하거나 닿으면
화상을 입기 쉬우니 주의해야 합니다.

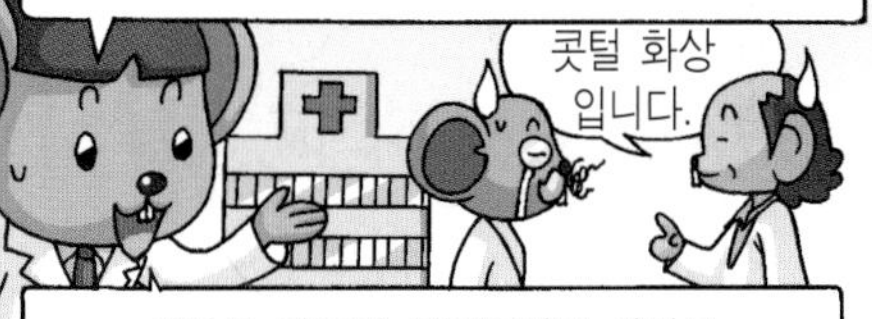

화상을 입으면 응급조치를 취하고,
상태에 따라 병원에서 치료를 받습니다.

옷에 불이 붙었을 경우에는 바닥에 누워 몸을
굴려서 불을 끄거나, 주위 사람들이 담요나
옷을 덮어 불을 꺼 주는 것이 좋습니다.

제5화

화산 소녀와 빙산 소년

여기가……,
세나네 집이란
말이지?

물증이 없으니
그럴지도 모르지.
증인이 두 명이나
있는데, 설마
잡아떼겠어?

딩동
스윽..

…….

…….

철컹
앗,
열렸다!
끼이익..

너희들은
여기서 기다려.
뭐?! 넌 뭉치면 살고
흩어지면 죽는다는
말도 모르…….
발끈

스윽..
…냐?

이건 내가 해결해야
할 일이야.
...!

그래. 세나가
이런 일을
벌인 건……,
원소 때문이었을
테니까.

그럼 여기서
기다릴 테니까,
꼭 해결하고
돌아와!
첫, 할 수 없지!
털썩

끼익
쓱
꿀꺽

...

후우…
내일이면 이대로 조사 결과가 발표될 거야.
지금이 마지막 기회라고.

제발 원소가 잘 해결해야 할 텐데, 우주 너도…….
응?

아, 아니!!
범우주! 어딜 간 거야?

부스럭
설마?!

철컥

강원소!
…….

훗..
네가 여기까지 날 찾아오다니……,
뭔가 아주 급한 일이 생긴 모양이지?

다 알고 왔어.
뭐?!

지끈..
뭘 안다는 거야?

우리 문제에
다른 사람까지
끌어들일 이유는
없잖아.
안 그래?
대체 무슨
말을 하는지
모르겠는걸?

기다려!
란이가 무슨 말을
했는지 몰라도,
나와는 상관없는
일이야.

잘하고 있는 거야?
여기선 하나도
안 들리네…….

!!

아픈 것
같은데?
...
흥,
벌 받았군!

도대체
왜…….

스윽
후..
뭐, 뭐지?
휙..
저 녀석…….

척
진심이 아니야!

빠직

깜짝

저벅
저벅

너……!

넌 또 여기 왜 왔니?
후~
둘이서 같이 협박이라도 할 거야?

너희들!!
지금 둘 다
진심이 아니잖아.
서로 이해하고
있으면서도 아닌
척하고 있다고.
란이도 그걸
알기 때문에,
세나 네 이름을
말하지 않은
거야.

내 이름을
말하지
않았다고?
어째서…….

스윽…

너희들이 무슨
말을 해도 소용없어!
휙

난 모르는
일이니까.
쿵
쿵
쿵
쿵
이제 그만
돌아가!
쿵 쿵 쿵 쿵
쾅
쿡…
틀렸어.
저 앤 한번 내뱉으면
그걸로 끝이야.
돌이킬 수 없어.

정말이지 너희 둘은
완벽한 한 쌍이다!
고집불통인 게 어쩜
그렇게 똑같냐…….
혹시
쌍둥이 아냐?
화산 세나
빙산 원소
쳇!
돌아가자.
끙…
휙
빙산 취소다.
넌 북극 자체야.
이 지독한 녀석!

지금 아픈 친구를 두고 그냥 가겠다는 거야?

친구라니, 누가?
……!

이 둔한 녀석아!
세나가 아픈 건 너 때문이잖아! 잰 지금 몸도 마음도 다 아프다고!

어째서 다들 너 같은 이기적인 녀석을 좋아하는지,
떠벌
정말 이해가 안 간다니까.
떠벌
떠벌
무슨 소리야?
조용히 좀 해!
잘생기고 공부 잘하면 뭐 해?
다정한 남자가 진짜 남자라고!
떠벌
떠벌
떠벌
몸이 아플 땐 잘 먹는 게 최고야! 그건 내가 도울 수 있지만…….
?!

마음이 아픈 건
네가 도와줘야 해.
언제까지나 저렇게
내버려 둘 순 없잖아.

…….
아! 저기가
부엌이군.
탁
탁
탁
스윽..
척
MY ROOM
똑
똑
끼익..

나가!
돌아가라고
했잖아!
확!
휙!
멈칫

……!

이게 정말 움직여?
당연하지! 우리가 몇 달이나 준비한 선물이라고!

진짜와 거의 똑같은 모형이야. 잘 봐, 이 철도도 이렇게 끊어져 있지?
진짜 철도처럼 말이야.
정말?

그래. 모든 물질은 열을 받으면 부피가 변하는 특성을 갖고 있어.
열전도율이 높은 철도는 한여름에 강한 태양열을 받으면 매우 뜨거워지지.
쨍
휘이이이
그러면 내부의 분자가 느슨해져서 철도가 늘어나는 거야. 반대로 겨울에는 줄어들고. 그래서 철도 사이에는 틈새가 있지.

이렇게 물체는 열을 받으면 고체에서 액체로,
액체에서 기체로 변하면서 부피가 늘어나.
고체
액체
기체
뭐, 물처럼 액체보다 고체 부피가 더 큰 경우도 있지만.
이 증기 기관차를 움직이는 것도,
열에 의해 부피가 변하는 것을 이용한 거야.
증기 기관차?
증기 기관은 18세기 영국의 산업 혁명을 이끈 증기 기술이잖아.
맞아. 증기 기관차는 석탄을 태워 물탱크의 물을 가열해.
물이 끓어서 수증기가 되면, 그 수증기는 한정된 공간에서 부피가 늘어나 압력이 높아지지.
그 압력을 이용해 피스톤을 움직이게 하고, 피스톤 운동으로 기차 바퀴를 돌리는 거야.
열에너지를 운동 에너지로 바꾸는 거구나.
구조는 다르지만 이 모형 열차도 같은 원리지.

정말 이 작은
모형이 증기 기관차와
같은 원리라고?
확실히 알아봐야겠어!
늘 하던 방법으로…….
뭐?!
둥…

증기 기관차 모형을
해부해 보는
거야!
척…

안 돼,
세나야!
자, 잠깐!
푹!

아~,
이런 모양이구나.
여기에
기름을 넣네?
어? 이곳은
왜 막혀 있지?
와! 스프링도
들어 있어!

이젠 조금
알 것 같아.

그런데……,
조립은
어떻게
하지?
휘이이이…

이, 이거…….
망가진 거야?
울먹…
아…….

걱정 마.
내가 다시
조립해
볼게.
척

그러게 겁도 없이
무조건 해부 좀
하지 마.
아, 다행이다.
히히
휴~

세나는
궁금한 건
못 참잖아.
해부하고 싶을 땐
언제든지 해.
내가 고쳐 줄
테니까.
아…….

정말이지?

약속했어!

날…….
계속 기다리고
있었던 거니?

…….

결국…….
가 버렸구나.
조용..

꾹..
그래! 이걸로
끝이야!
이제 다시는…….

턱..
달각
?!
달그락

에어컨

집에서 흔히 사용하는 냉장고나 가스레인지, 난로 등은 모두 열과 온도를 조절하여 생활을 편리하게 하는 기구입니다. 더운 여름에 집 안을 시원하게 해 주는 에어컨도 마찬가지입니다. 에어컨은 바깥 온도보다 실내 온도를 낮게 만드는 장치로, 건물 안에 있는 실내기는 열을 흡수하여 찬바람이 나오게 하고, 건물 밖의 실외기는 흡수한 열을 밖으로 내보냅니다.

1. 증발기

말 그대로 액체가 열을 흡수하면서 기체로 변하는 '증발'이 일어나는 곳입니다. 알코올을 피부에 발랐을 때 알코올이 피부의 열을 빼앗아 증발하면서 피부가 차갑다고 느끼는 것처럼, 증발기에서 냉매가 증발할 때도 이와 마찬가지로 열을 흡수하여, 열을 빼앗긴 공기가 시원해지는 것입니다. 이렇게 차가워진 공기를 송풍기가 실내로 들여보냅니다.

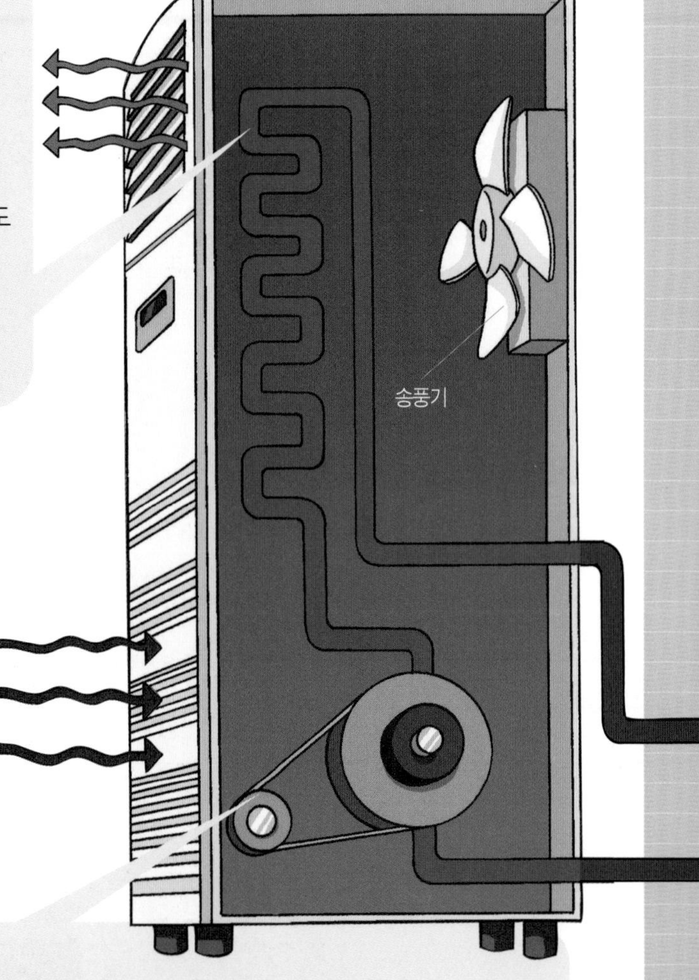

2. 압축기

증발기에서 만들어진 기체 상태의 냉매를 빨아들여 압력을 높이는 곳입니다. 압력이 높아지면 분자들이 눌려 분자들 사이의 거리가 좁아지고 움직이는 에너지가 줄어들어, 응축기에서 기체를 액체로 바꾸는 과정이 좀 더 쉬워지기 때문입니다.

시원한 냉장고를 열어 두면 왜 방 안이 더워지는 걸까?

냉장고와 에어컨의 작동 원리는 매우 비슷합니다. 액체 상태의 냉매가 기체로 증발할 때 열을 흡수하여 시원하게 하는 것이 기본 원리로, 냉장고도 에어컨과 마찬가지로 압축, 응축, 팽창, 증발의 네 단계를 거칩니다. 그러나 에어컨과 달리 여름에 냉장고 문을 열어 두면 실내의 온도는 더욱 올라가게 됩니다. 그 이유는 열을 내보내는 응축기가 실내에 있기 때문입니다. 문을 계속 열어 두면 냉장고 안은 내부의 더운 공기가 들어와 냉장고 온도를 낮추기 위해 활발히 작동하게 되고, 결국 냉장고 뒤쪽의 응축기에서는 더 많은 열을 내뿜어서 실내의 온도가 올라가는 것입니다.

4. 팽창 밸브

응축기에서 액체가 된 냉매의 압력을 낮추는 역할을 하는 곳입니다. 압력이 줄어든 액체는 분자들 사이의 거리가 넓어져 운동 에너지가 늘어나 증발이 쉬워집니다. 이렇게 팽창 밸브는 냉매를 다시 증발기로 보내기 쉽게 만들 뿐만 아니라, 동시에 증발기로 들어가는 냉매의 양을 조절하기도 합니다.

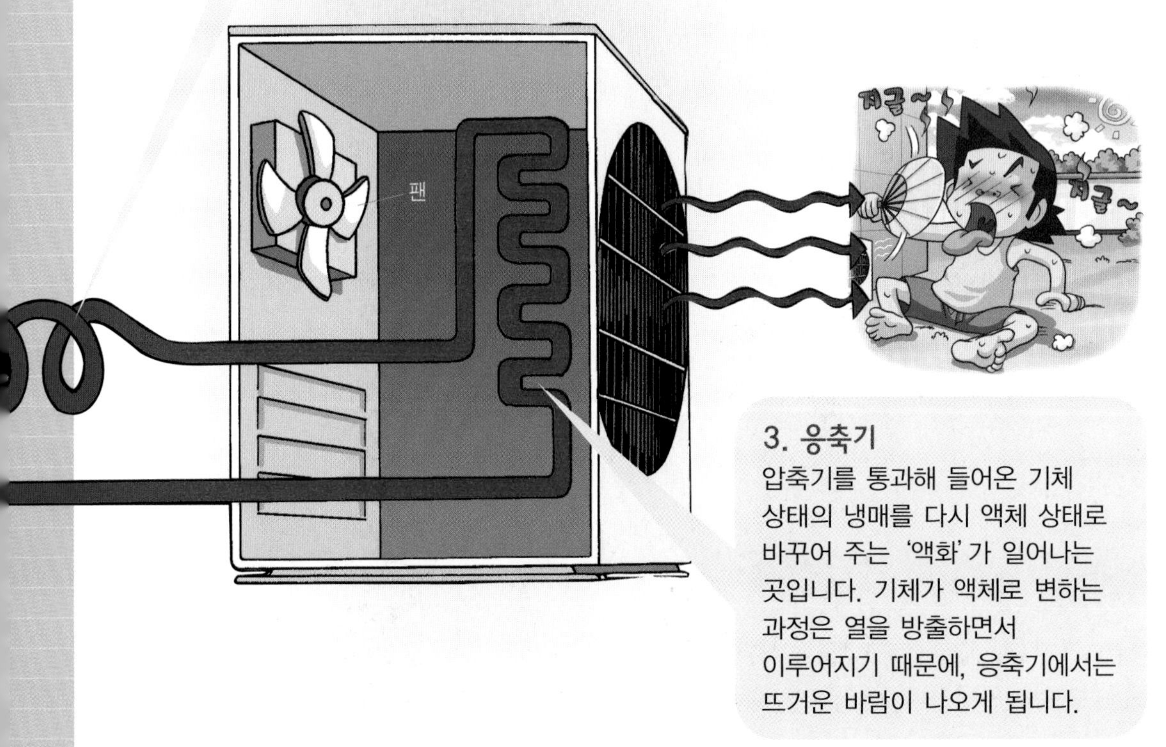

3. 응축기

압축기를 통과해 들어온 기체 상태의 냉매를 다시 액체 상태로 바꾸어 주는 '액화'가 일어나는 곳입니다. 기체가 액체로 변하는 과정은 열을 방출하면서 이루어지기 때문에, 응축기에서는 뜨거운 바람이 나오게 됩니다.

제6화

세나야, 안녕

이 소리는?!
달칵
…….

척

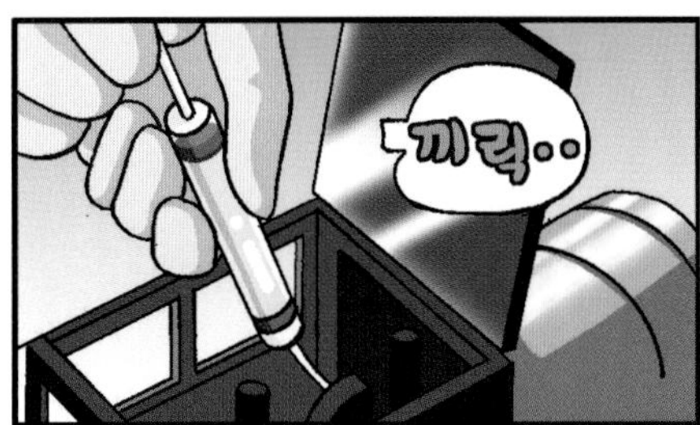
끼릭..

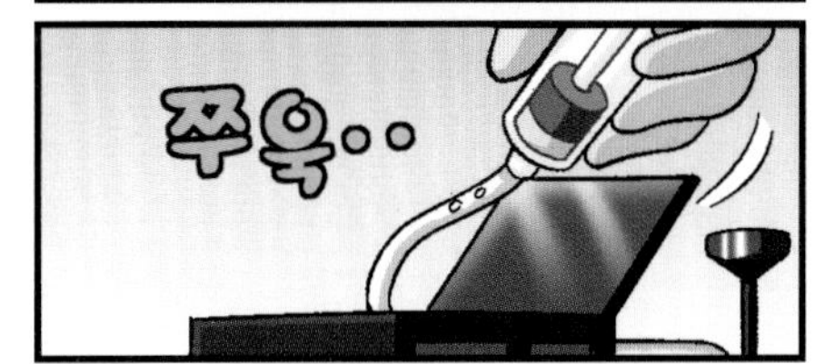
쭈욱..

꾸욱
달칵

스윽

화악
찰칵

후우..
척

쉬..
쉭
끼릭..
칙..
칙..
칙
칙
칙칙
칙칙

아…….
…….
칙칙
칙
칙
칙

기억하고
있었구나…….
척
척
어떻게 이걸
잊을 수 있어?
스윽
척척
척척
그 일만큼이나 모두……,
선명하게 기억하고 있어.
지금은 서로를 이해할 수 없게
되었다고 해도……,
그때 우린
친구였으니까.
부우우

얘는
'솔' 이야.
귀엽지?
솔!!
강세나,
여기야!
그래. 그때……,
우린 친구였어…….
그 일이 있기
전까지…….
해부해 보고 싶어.
어차피 이미
죽었으니까…….
…….
괜찮을 거야.

무슨 짓이야?!
쾅
그때로
돌아가고 싶어!
냉정하게 생각해.
그걸 못하면,
넌 영원히 가짜 실험만
하게 될 거야.
싫어!
다시는……,
실험 따윈
하지 않겠어!
할 수만 있다면
다시 가서
말하고 싶어!
'용서해 줘, 원소야!'
라고…….

내가 그때…….
난 몰랐어!
생명이 끝나도
네게 소중한지
정말 몰랐어!
용서해
줘.
진심을 말했다면,
우리 지금도 친구였을까?
…….
어쩌면 나도…….
마음을 닫지 않았겠지.

우리 모두……,
미안해…….
조금은 달라졌겠지.
?
?

우아아~,
이렇게 먹을 게 많은
냉장고는 처음이야!
마트에 온 것 같아!!

뭐, 뭐 하는
거야?
지끈
엥?

넌 왜
서 있어?
환자는 쉬어야
한다고!

왜 이래? 필요 없어!
저리 가!!
자, 얌전히 누워서
범우주의 스페셜 간호를
받아 봐.

일단 열부터
재야지!
읍!
푹…
그 온도계는
입에 넣는 게
아니란 말이야!
음, 38℃!
부들
부들
부들
열 내리는 데는
물수건이 최고지!
철벅
!!
자, 꿀물이야.
넌 당분이
필요해.
부글
부글
부글
첨벙
사양 말고
쭈욱 마셔~.
얘 뭐니?
필요 없다는데
왜 이래?
사람 말을
못 알아듣는
거야?!
벌떡!
원래 그런
녀석이야.
아플 땐 원래
성격이 더
나빠지는 법이지.
이해하니까
어서 마셔.
빠직!!

쩌렁
당장 꺼져!!
으아, 재 성격 진짜 이상하다!
벌떡!
후다닥
어떻게 된 거야? 범우주!
너 또 사고 친 거지? 그렇지?
사고라니!
후~우
뜨끔

다 틀렸어.
문제를 해결하기에는
세나의 병이 너무 깊어.
병? 세나가
어디 아파?!
척··

마음의 병 말이야.
그게 나으려면 꽤
오래 걸릴 거야.
후우··

뭐야?
그럼 어떡해!
내일이면
조사 결과가
발표될 텐데,
시간이 없잖아!
추~욱
그야…….

솔직히 말해!
네가 사고 쳐서
실패한 거지?
왜 이래?
너라고 별수
있었을 거
같냐!
크르릉

저 두 사람이 얼마나
고집불통인데!
너만 안
갔어도
잘됐을
거야.
이 사고
뭉치야!
…….

푸…
척…
질끈

란이야!!
아!

애들아…….
란이야,
괜찮아?

척

철컥

모두 오셨군요.
들어오세요.
둥…

…….

얘들아……!

어떤 결정이
나도,
그것은 끝이 아니라
모든 일의 과정이라는
것을 명심하거라.
저벅
저벅
가자.
난 심장이 약해서
못 들어간다.
여기서 기다리마.

척…
자…….

그럼 두 학교 실험반의
어제 대결에 대한 조사 결과를
발표하겠습니다.

대결이 끝날 무렵
제보 전화가 걸려 왔습니다.
새벽초등학교 나란이 학생이
이번 대결의 주제를 미리 알고
있었다는 증거가 실험복에
있을 거라고 하더군요.

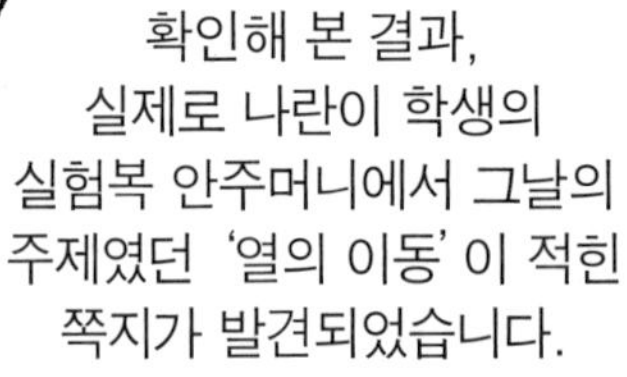

확인해 본 결과,
실제로 나란이 학생의
실험복 안주머니에서 그날의
주제였던 '열의 이동' 이 적힌
쪽지가 발견되었습니다.

바로 이것입니다.
척..

저희는 먼저 나머지 세 명의
학생들도 이 사실을 알고
있었는지를 조사했고,
모두 진술이 일치하며
의심할 여지가 없다는
결론을 내렸습니다.
꿀꺽..

두 번째는 나란이 학생의 혐의입니다. 나란이 학생은 실험복이 본인 것이 아니라고 주장했으며,
이 쪽지에 대해서도 아는 것이 없다고 이야기했습니다.
이 말을 믿은 것은 대결의 주제가 적힌 쪽지를 굳이 대회장까지 가져온 것이 이상했기 때문입니다.
그러나 나란이 학생이 실험복을 누구에게 받은 것인지 말하지 않아,
더 이상 조사를 진행하지 못하고 결론을 내려야 했습니다.
이번 일은 새벽초가 부정행위를 했다는 것이 아니라, 비밀리에 정해진 실험 주제가 유출된 큰 사건으로…….

두근
이 일에 간접적으로
관련이 있는
나란이 학생의
비협조적인 태도는,
이번 대결과
대회 전체에
두근
두근
두근
나쁜 영향을 끼치게
될 것으로 판단되어…….

게시판
똑
똑

벌떡!
!!
탁
학생!
지금 중요한
회의 중이니…….
제 실험복을 찾으러
왔습니다.

?
척…

너……!

스윽

척··
우연히 알게 된 대결 주제를 적어 놓은 쪽지가 들어 있는지 모르고, 친구에게 빌려 주었던 겁니다.
이 실험복은 제 거예요.
모두……, 제 실수 때문에 일어난 일입니다.

그렇다면 실험 주제를 미리 알고 있었다는 사실을 인정하고,
그것을 알아낸 경로도 밝힐 수 있겠군요.
물론입니다!
끄덕

저, 이렇게 되면…….
좀 더 조사해 봐야겠습니다.
경로 부터요.
…….
저, 저 녀석!
세나야…….
일단 기다려 보자.
뭐가 어떻게 된 거야?!

탁
···!!
이 일에 대해서는
더 조사를 해 봐야 할 것 같습니다.
그러나 새벽초등학교의 모든 혐의가
없어진다고 해도, 대결에서의 소동으로
바다초등학교는 큰 피해를 입었습니다.
대결에 대한 결정에는
상대 팀의 양해와
동의가 필요합니다.

너희들 생각은
어떠냐?
새벽초는
실격이에요!
받아들일 수
없어요!

어차피 녀석들이
실격하면 너희들에게
좋은 일이니까.
안 그래?
…….

저희는……,
조사 팀의 결정에
따르겠습니다.

바, 반디야.

끄덕
그렇게 하겠습니까?

이런 식으로 이기고 싶지 않아.
우리가 해 온 실험도 비겁하지 않으니까.

안 그래?
으, 응…….
그야 그렇지.

그럼, 이 학생을 조사한 후 오늘 오후에 결과를 발표하겠습니다.

조사 결과
새벽초등학교 부정행위 혐의 없음.
-새벽초등학교 조사에 대한 비협조로
-조사에 대한 비협조로 나란이 학생 1회 출전 정지.
-바다초등학교와 새벽초등학교 재대결 결정.

끼익..
탁..
오늘은
하늘이 맑으니
별을 볼 수 있겠군.

투덜
어째서 아무 죄 없는
란이가 출전 정지를
당하냐고!
의리를 지킨 것도 죄야?
나 같으면 표창장이라도
주겠구먼.
투덜
그래도 얼마나 다행이냐.
꼼짝없이 실격당하는 줄
알았는데…….
그렇지,
란이야?

응……, 모두에게 미안해.
그리고 날 믿어 줘서 고마워.
나, 앞으로는 좀 더
신중해질 거야.

그렇지 않아!
우리 모두 이 일로
굉장히 중요한 걸
배웠거든!
팡

중요한
것?

맞아.
말로 표현할 순
없지만…….

어쨌든 우리는 처음부터
다시 시작하는 거야!

더 강해져서 말이야!

응!

휭~
저벅
……
저벅
……
저벅

게다가 이 녀석 좀 봐!
지금 세나의 병문안을
가고 있잖아?
텁

다행이야.
두 사람 결국
화해했구나.

어쭈?
이 손 치워!
저벅
저벅
탁!

열은 따뜻한 곳에서
차가운 곳으로 이동하니까,
세나의 기운이 널 바꾼 거지.
부끄러워하지 마~.
네가 병문안을 가는 건
아주 과학적인 거야!
성큼
성큼
성큼

헉
콩!
멈칫

다 왔다.

딩동…
강세나,
어서 나와!!
찌렁
찌렁
원소가
병문안 왔다~!
끼익
척
둥
누군데 이렇게
시끄러워?
으악!
꺄!
저희는 세나 친구들입니다.
세나를 만나러 왔어요.
후덜덜

그러냐?
그런데 늦었구나.
세나는 오늘 아침 비행기로
독일에 갔단다.
네?

아버지를 아주
곤란하게 했다면서
급하게 떠났는데…….

아…….
그래!

혹시라도
친구가 오면
전해 주라고,
뒤적

이걸 줬는데…….
으악!
또 쪽지다!
다들 물러서!
둥!
십자가
마늘
히~익!

'나란이에게' 라고
적혀 있구나.
제가
나란이예요.

그럼 이만
돌아들 가렴.
쾅

조심해, 란이야!!
또 뭐라고 적혀 있을지
모른다고!
괜찮아…….
오버 좀
하지 마!

나란이에게
다시 만날 날이 오면
그땐 친구가 되어 줘.
세나가

뭐야, 이게 다야?
그러네…….

정말 이대로
떠났나 봐.

쳇.
안녕, 세나야.
또 만나자.
우린 이미 친구잖아.

언젠가 다시 만난다면
그땐 꼭 진짜
실험을 해 보자.
강원소…….
안녕…….

잘 가, 세나야!!
건강해라!
그래……. 언젠가.
내일은 실험왕 ⑪ '물의 대결' 편도 많이 기대해 주세요.

에너지로서의 열

오랜 옛날부터 과학자들은 열이 어디에서 생기고, 그 정체가 무엇인지에 대해 끊임없이 연구했습니다. 열에 관한 연구가 본격적으로 진행된 18세기까지도 사람들은 높은 온도에 있는 '열소'라는 작은 물질이 다른 입자와 만나 열을 낸다고 생각했습니다. 그러나 이 이론으로는 마찰에 의해 생기는 열을 설명할 수 없었습니다. 그러다 1840년대에 이르러 과학자들은 손바닥을 비비면 손바닥이 뜨거워지며 열이 나는 것처럼, 일을 함으로써 열이 발생한다는 것을 밝혀내 열이 물질이 아니라 에너지라는 것을 증명했습니다.

열에너지의 단위

열의 양을 나타내는 단위에는 칼로리(cal)와 줄(J)이 있습니다. 일반적으로 사용되는 열량의 단위인 칼로리(cal)는 열이 에너지라는 것을 몰랐을 때부터 사용되었던 것으로, 오늘날에도 식품의 열량 등을 나타낼 때 널리 사용되고 있습니다. 줄(J)은 에너지로서의 열을 말할 때 쓰는 단위로, 영국의 과학자 제임스 프레스콧 줄의 이름을 딴 것입니다. 그는 1847년에 추가 떨어지면서 물갈퀴 판을 돌리는 일이 열을 발생시켜 물의 온도를 높인다는 것을 증명하여, 열과 일의 관계를 밝혀냈습니다.

1칼로리(cal)는 순수한 물 1g의 온도를 1℃ 올리는 데 필요한 열량이며, 1칼로리(cal)는 4.2줄(J)입니다.
국제 표준 단위계(SI)에서는 열량과 열에너지의 단위를 통일하여 줄(J)로 쓰도록 권장하고 있습니다.

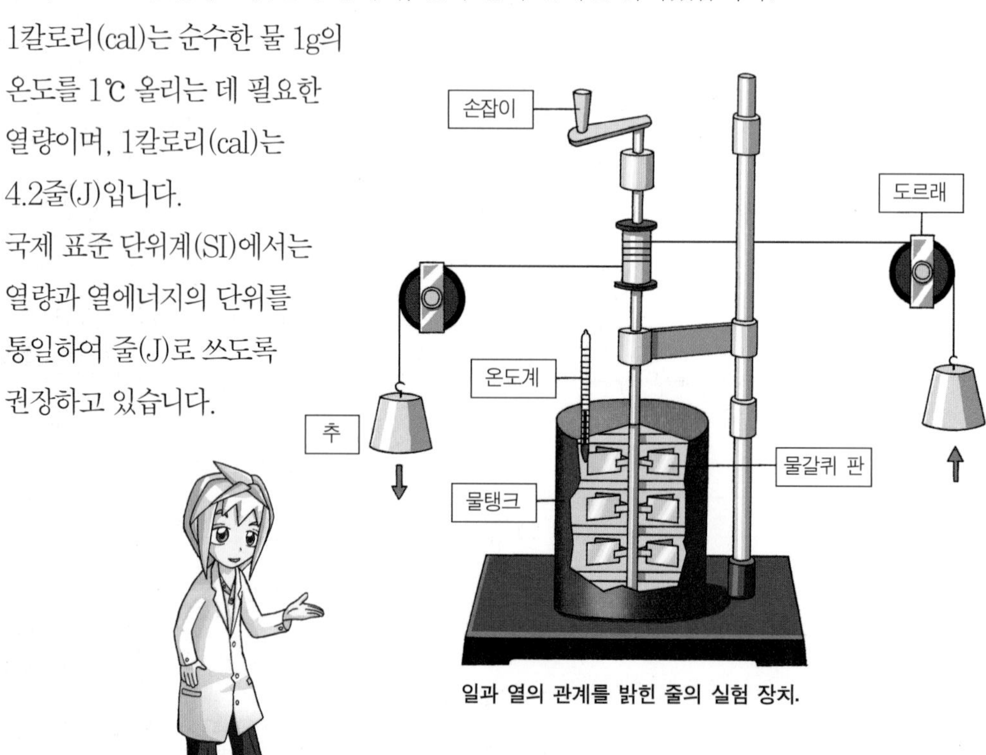

일과 열의 관계를 밝힌 줄의 실험 장치.

열에너지와 분자 운동

대부분의 물질은 분자로 이루어져 있습니다. 분자들은 끊임없이 운동을 하는데, 열은 이 분자 운동으로 만들어진 에너지입니다. 물질의 온도는 그 물질을 이루는 분자의 운동이 얼마나 활발하냐에 따라 달라집니다. 40℃의 물 분자는 0℃의 물 분자보다 훨씬 빨리 움직이는 것입니다. 그리고 이 분자들의 운동이 점점 느려져 결국 멈추게 되는 온도를 절대 영도라고 하는데, 이것은 우주에서 더 이상 낮아질 수 없는 온도로 섭씨온도로 표현하면 -273.15℃입니다. 이 절대 영도를 기준으로 한 절대 온도의 단위는, 처음으로 절대 온도를 밝혀낸 켈빈의 이름에서 따 켈빈(K)이라고 읽습니다.

켈빈(1824~1907) 영국의 과학자로, 열역학을 확립하였으며 물리학의 여러 분야에서 많은 저서와 발명품을 남겼다.

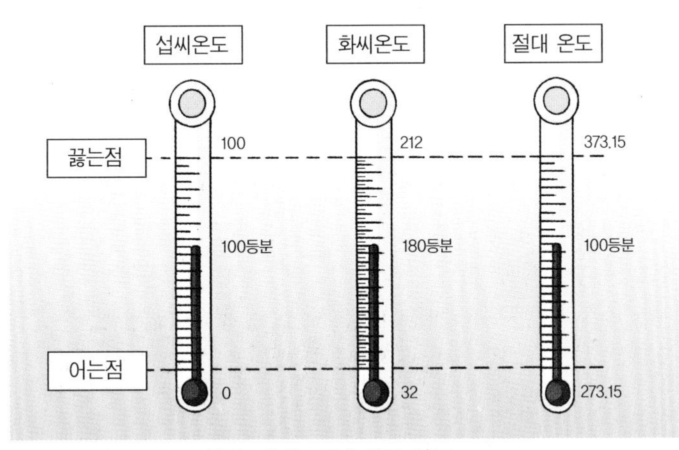

섭씨 • 화씨 • 절대 온도 비교.

열에너지와 물질의 상태 변화

물질의 상태에 따른 열에너지

지구상의 모든 물질은 세 가지 상태, 즉 고체, 액체, 기체 상태로 존재합니다. 물질을 구성하는 분자는 열을 얻거나 잃으면서 배열 구조와 운동하는 정도 등이 변하게 됩니다. 따라서 물질은 상태에 따라 가지고 있는 열에너지가 다르며, 기체는 액체보다 액체는 고체보다 더 많은 열에너지를 가지고 있습니다.

상태	분자 배열과 운동	분자 사이의 거리	같은 분자 수의 부피	온도
고체	분자들이 좁고 규칙적으로 배열되어 있으며, 멀리 움직이지 못하고 제자리에서 진동만 하고 있습니다.	매우 가깝다	작다	낮다
액체	분자들의 사이가 비교적 가깝지만, 불규칙적으로 배열되어 있으며 분자들끼리 서로 자리를 바꾸어 움직입니다.	비교적 가깝다	고체보다 조금 크다 (물은 예외)	높다
기체	분자들 사이의 거리가 매우 멀고, 불규칙적으로 배열되어 있으며 활발하고 자유롭게 움직입니다.	매우 멀다	매우 크다	매우 높다

열에 의한 물질의 상태 변화

상태가 변하는 과정에서 물질은 주변의 열에너지를 흡수하거나 방출합니다. 열을 흡수하는 경우에는 분자 운동이 활발해지고, 열을 방출하는 경우에는 분자 운동이 감소하게 됩니다.

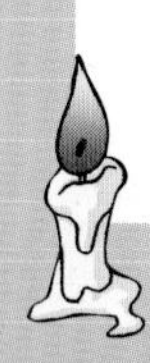

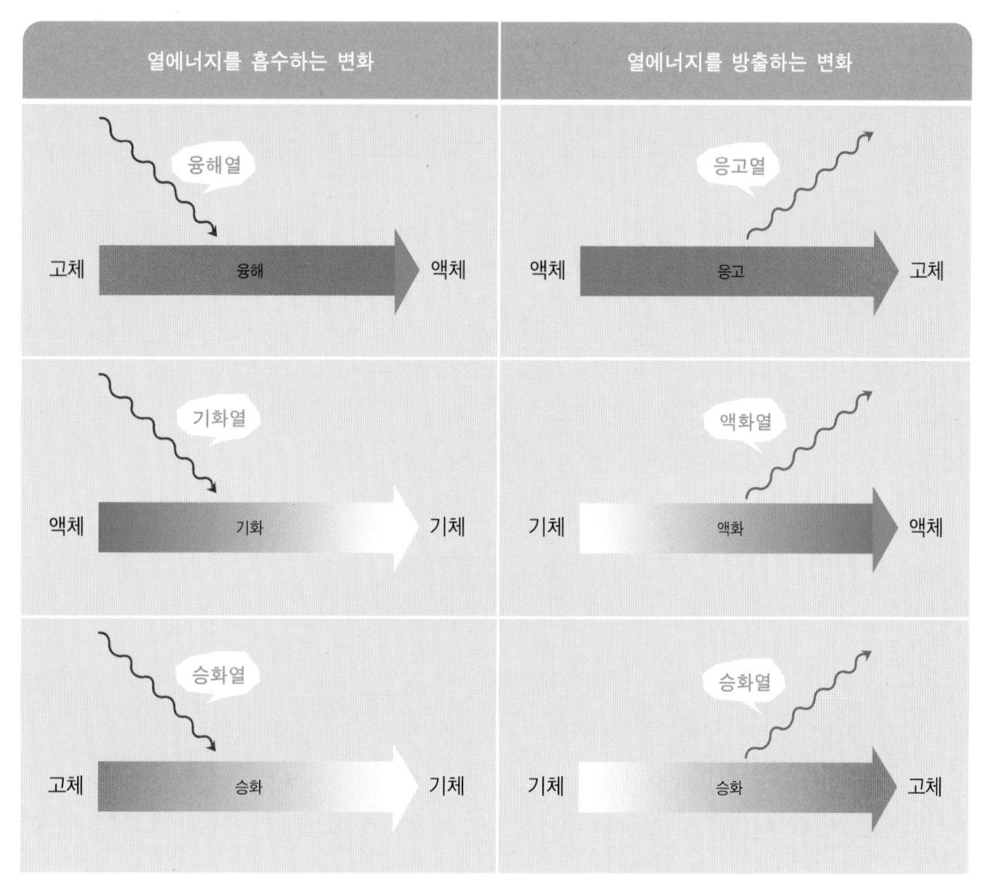

열에너지를 흡수하는 상태 변화

융해, 기화, 승화(고체에서 기체로)가 일어날 때 흡수된 열에너지는, 분자 운동을 활발하게 하여 분자들 사이의 끌어당기는 힘을 약화시키고 분자 사이의 거리가 멀어지게 합니다. 이렇게 분자의 운동 에너지 증가에 따른 변화로 물질의 부피는 커지지만, 분자 수는 변하지 않으므로 물질의 질량은 일정합니다. 또한 융해와 기화가 일어날 때의 온도(녹는점, 끓는점)는 가열을 계속해도 일정한데, 이는 흡수한 열에너지를 물질의 상태 변화를 일으키는 데 사용하기 때문입니다.

열에너지를 방출하는 상태 변화

응고, 액화, 승화(기체에서 고체로)가 일어날 때, 분자 운동은 느려지고 분자들 사이의 끌어당기는 힘이 증가하면서 분자 사이의 거리가 좁아집니다. 이 과정에서 분자들의 열에너지가 방출되므로 응고와 액화가 일어날 때는 온도(어는점)가 일정하게 유지되며, 이 때문에 같은 물질은 어는점과 녹는점이 같습니다. 열에너지를 내보낼 때도 흡수할 때와 마찬가지로 분자 수가 변함없기 때문에 질량은 변하지 않지만, 분자 운동의 영향으로 대부분의 물질은 부피가 작아집니다.
단 물은 수소 결합을 하는 분자 구조의 특징 때문에, 액체에서 고체가 될 때 입체적인 구조가 되어 오히려 부피가 커집니다.

아이세움 www.i-seum.com 서울특별시 서초구 잠원동 41-10 전화 02)3475-3985 팩스 02)541-8249 (주) 미래엔 컬처그룹

서바이벌 만화 과학상식 VI

바이러스에서 살아남기 ② 완결

바이러스와 대항할 자연 숙주를 찾아라!

알 수 없는 바이러스가 퍼져 나가자, 지오, 피피, 케이는 꼼짝없이
밀림에 갇히고 만다. 바이러스에 감염된 케이는 스스로를 격리시키는데…….
지오는 바이러스와 대항할 수 있는 면역 성분을 찾아내
케이와 다른 사람들을 바이러스의 공포에서 구할 수 있을까?

글 곰돌이 co. | 그림 한현동 | 값 9,000원

근간 예정 | 이상기후에서 살아남기 ①

서바이벌 만화 과학상식

무인도에서 살아남기, 아마존에서 살아남기, 사막에서 살아남기, 빙하에서 살아남기, 화산에서 살아남기, 초원에서 살아남기, 바다에서 살아남기, 시베리아에서 살아남기, 동굴에서 살아남기, 산에서 살아남기, 지진에서 살아남기, 남극에서 살아남기, 곤충 세계에서 살아남기 ①, 곤충 세계에서 살아남기 ②, 곤충 세계에서 살아남기 ③, 공룡 세계에서 살아남기 ①, 공룡 세계에서 살아남기 ②, 우주에서 살아남기 ①, 우주에서 살아남기 ②, 우주에서 살아남기 ③

글 최덕희 · 코믹컴 | 그림 강경효 · 정준규 · 문정후 · 이태호 | 각 권 8,500원~9,000원

아이세움 www.i-seum.com 서울특별시 서초구 잠원동 41-10 전화 02)3475-3985 팩스 02)541-8249 (주) 미래엔 컬처그룹

중학 | 교과서 | 미리보기

만화 영어 English 타파

결 · 정 · 타 · 파 · 악 · 하 · 기

중학교 영문법의 결정타 파악!

탄탄한 영어 실력의 기초, 영문법!
문장 구조와 시제, 조동사, 수동태 등 중학교 영문법을
생생 예문과 재미있는 만화로 한 번에 해결한다!

글 이영주 | 그림 울림 | 감수 강보배(서울영훈중학교 교사) | 값 9,500원

근간 예정 | 만화 English 타파 ② 동사의 다양한 활용

영어타파 미리보기

일상생활 속에서 자연스럽게
영문법 개념을 설명하며, 살아 있는
예문으로 이해를 도왔습니다.

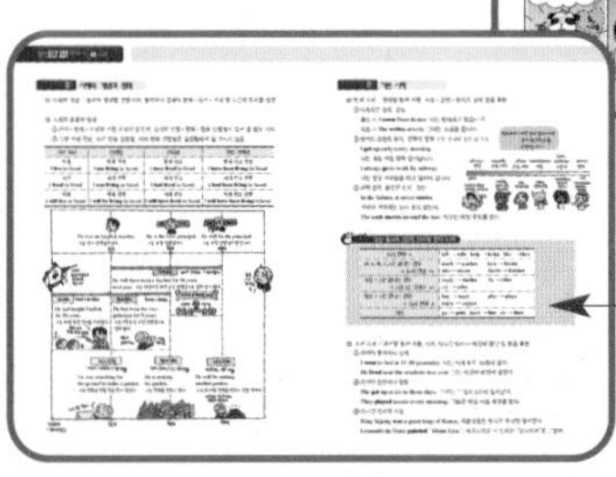

만화에서 익힌 영문법과 예문들을
삽화와 표를 곁들여
체계적으로 정리했습니다.

중학교 세계 지리, 기후로 끝낸다!

기후대별로 알기 쉽고 보기 좋게 정리한
세계 지리. 재미있는 만화 속에
학습 포인트가 가득!

글 이영주 | 그림 곽현주
감수 전국지리교사모임 중학교지리연구팀 | 값 9,500원

중학교 세계사, 연표로 잡는다!

아시아 사회와 유럽 사회의 기원부터
발전과 변화까지! 시대별 대표 유물과
연표로 세계사를 한 번에 정리한다!

글 이영주 | 그림 곽현주
감수 송영심(서울중동중학교 교사) | 값 9,500원

아이세움 서울특별시 서초구 잠원동 41-10 전화 02)3475-3843~4 팩스 02)541-8249 www.i-seum.com (주)미래엔 컬처그룹

만화 과학 큰 지식 백과 2

놀라지 Know-Large 날씨

눈을 크게 뜨고 보세요!

날씨에 대한 모든 것이 큰지식으로 다가옵니다.

우리 일상생활에서 결코 뗄 수 없는 날씨.
매일 일기 예보를 보며 하루를 준비하고 때로 날씨 때문에 투덜대기도 하지만
날씨에 대해 얼마나 알고 있나요? 박천지 박사와 눈의 여왕과 함께
날씨에 대한 모든 궁금증을 풀어 보세요!

글 곰돌이 co. | **그림** 박순구 | **감수** 장근일(기상청) | **값** 8,500원

만화 과학 큰 지식 백과

1 놀라지 우주 2 놀라지 날씨 3 놀라지 진화 (근간 예정)

아이세움 www.i-seum.com 서울특별시 서초구 잠원동 41-10 전화 02)3475-3985 팩스 02)541-8249 (주)미래엔 컬처그룹

만 화 | 판 타 지 | 생 물 계 | 대 모 험

호머 사이언스 1
Homer Science

알 수 없는 포유류

생물의 기초를 배우는 마법 같은 판타지가 펼쳐집니다!

여기는 포유류의 동물들이 모여 사는 평화의 마을.
난 제7마법사 나무늘보 나이룽의 제자, 황금원숭이 호머야.
제자라고는 하지만 배운 것도 없이 텃밭만 갈고 있지.
마을을 다스리는 일곱 마법사님들이 전사 선발 대회를 연대.
그런데, 뭐? 내가 전사 후보로 뽑혔다고?
나이룽 영감, 이거 무슨 꿍꿍이가 있는 거 아냐?

글 곰돌이 co. | 그림 김신중 | 값 9,500원

근간 예정 | 호머 사이언스 ❷ – 꼬리 없는 전사

아이세움 학습만화의 새로운 시리즈 절찬 판매 중!!

(주) 미래엔 컬처그룹 서울특별시 서초구 잠원동 41-10 전화 02)3475-3843~4 팩스 02)541-8249 www.i-seum.com 아이세움